細い脚はゆびがやわらかい

2万人を変えた！ 美脚メソッド

斉藤美恵子
Mieko Saito

JN156870

青春出版社

はじめに
——美脚ときれいなからだをつくるには

街で見かける美脚の人は、からだもやせていると思いませんか？

「からだが細いんだから、脚だって細いのは当たり前でしょ？」と思った人もいるかもしれません。でも、発想が逆なんです。

下半身をきれいにすると、上半身もやせてくる。つまり、スリムなからだは下半身からつくられる。

これは、レッグ・コンシャリストとして2万人以上の方の脚をケアしてきた私の実体験からわかってきたことです。


何人もの脚をケアする過程で気づいたことは、下半身のなかでも、とくに足の末端、つまり「ゆび」が大事だということ。

足の「ゆび」の関節をほぐしてやわらかくすることで、やせやすくなるのです。

私の考案した、足の「ゆび」や足首などの関節をやわらかくするストレッチを実践して、**その日のうちにふくらはぎが1〜2㎝、足首が1㎝細くなった人**もいます。


足指はとても重要なのに、私たちはいつも靴をはいているので、足指を使う機会がほとんどありません。

靴の先で足指がちぢこまって固まってしまい、いざ足指を曲げようとしてもまったく動かない人さえいるほどです。

ところが、この足指を意識的に動かしてあげると、足指とつながっている部位も連動してほぐれやすくなります。

そして血行がよくなり、下半身にたまっていた水分やリンパの流れが活発になり、全身がぽかぽかとしてきます。


ためしに今、ちょっと足指を動かしてみてください。

たった1～2分後には血のめぐりがよくなり、からだが温まってくるのを実感することでしょう。


今日から、ちょっとだけ意識して足指を動かしてみませんか？

足指が固まってしまっている人ほど、すぐに効果があらわれて、どんどん変わっていきます。

この本で美脚ときれいなからだを手に入れましょう！

斉藤美恵子

「足ゆび」がやわらかくなると
こんな効果が期待できます！

からだや脚に出る変化

脚のむくみがとれる

足どりが軽くなる

これがいちばん顕著な効果！

全身のだるさがなくなる

歩き方が美しくなる

内臓の働きが活発になる

ふくらはぎが1～2㎝細くなる

からだが温まって冷え性が改善する

足首が1㎝細くなる

肌がきれいになる

ブーツが
楽にはける

ワンサイズ
小さい靴が
はける

**ひざ上の
ぷよぷよ肉が
とれる**

これは筋肉を
ちゃんと使え
た、いい証！

**ふだん筋肉が
使えていない人は、
筋肉痛が起きたり、
足がつることもある**

ウエストが
サイズダウン
する

ワンサイズ
小さい服が
着られる

精神面にもいい影響が出ます

気持ちが
前向きに
なる

**自分に
自信が
持てる**

おしゃれが
楽しめるように
なる

**運が
向いてくる**

物事を
ポジティブに
考えられるように
なる

人前に出るのが
苦にならなくなる

Contents

4章 座り方、立ち方、歩き方… 姿勢を意識してもっとキレイに

5章　やわらかいからだが美脚をつくる！　脚にやさしい生活のススメ

COLUMN

1章

ちょっとした動きで効果絶大！

足ゆびストレッチでやせる秘密

脚の状態をセルフ診断

足ゆびウォーキングであなたの脚をチェック!

足指を動かせるかどうかで
脚の筋肉や関節を診断できます。
次の①～③を試してみてください。

1 まっすぐに立つ。

背すじはピンと伸ばす
両手はまっすぐおろして、わきにつける
両足はそろえる

2 足の指だけを動かす。

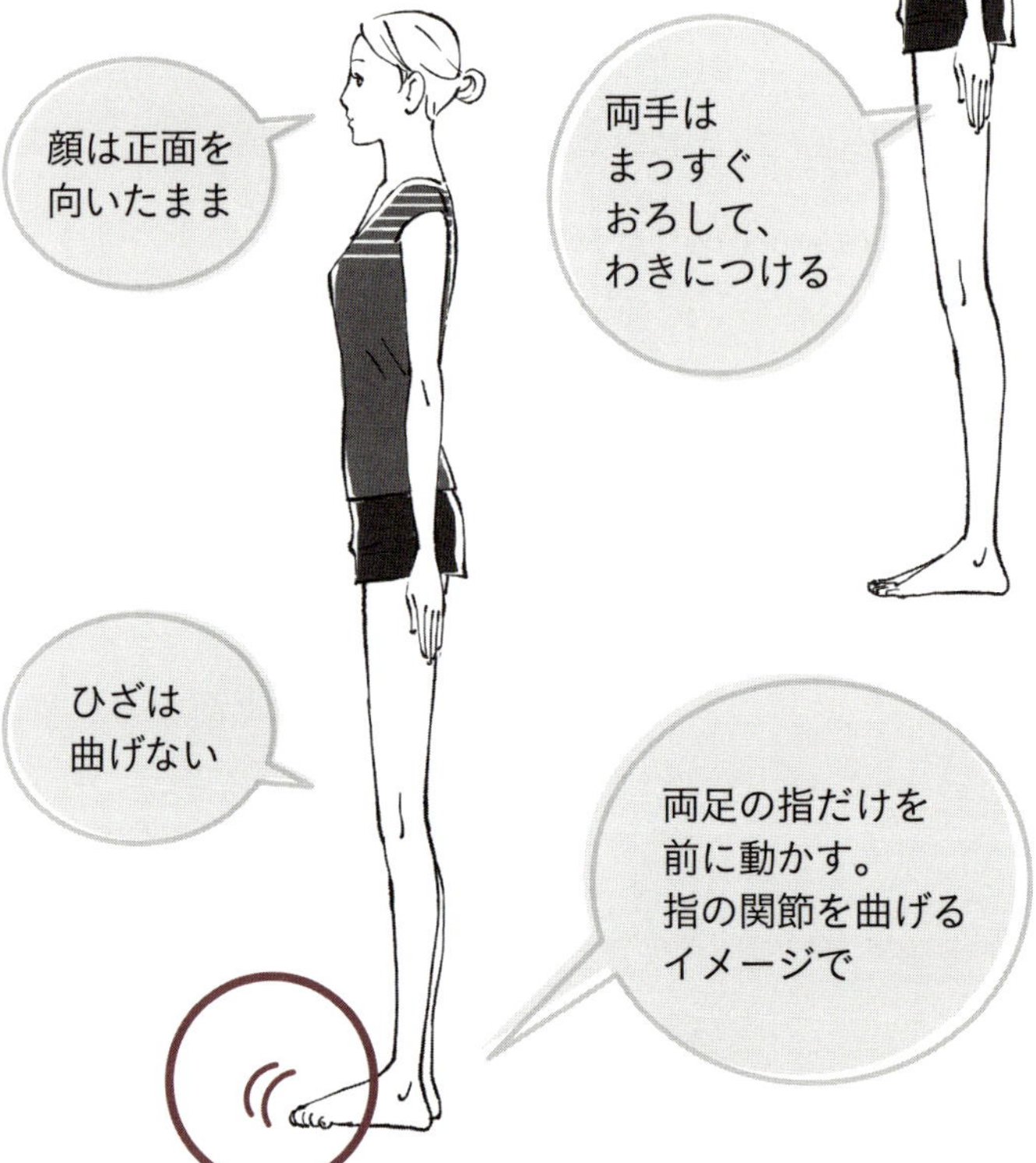
顔は正面を向いたまま
ひざは曲げない
両足の指だけを前に動かす。指の関節を曲げるイメージで

3 足指だけで前に進む。

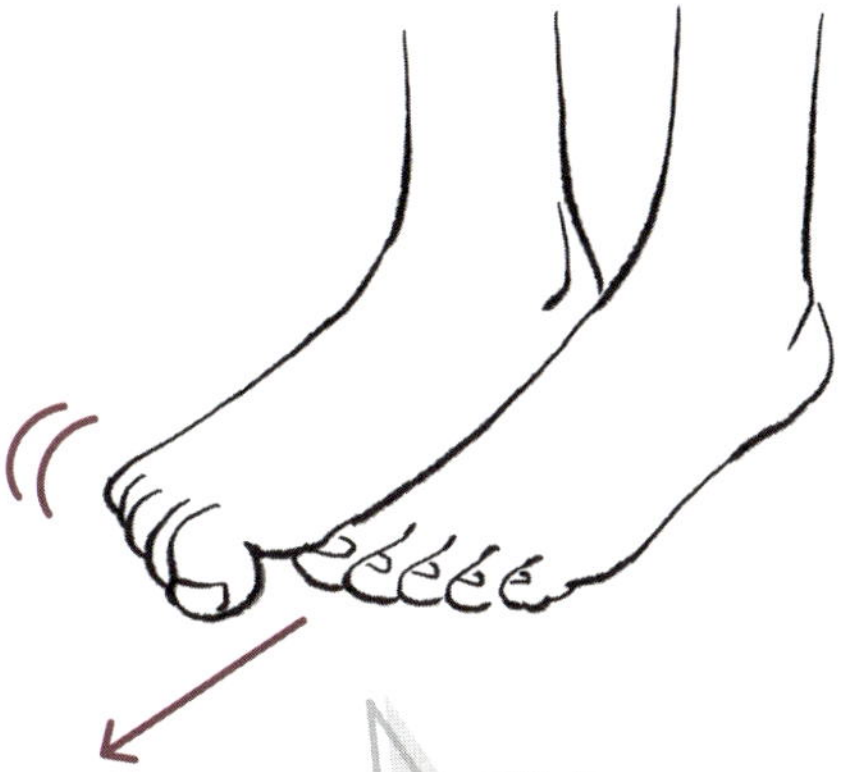

ギュッと地面をつかむようにけりだすのがコツ。カーペットより畳やフローリングのほうがおこないやすい

10～30㎝以上歩けた人は

P12へ A

数㎜～10㎝未満の人は

P13へ B

そもそも足の指が動かなかった人は

P13へ C

チェック３で何㎝歩けましたか？長さを測ってみましょう。

[　　　　　] ㎝

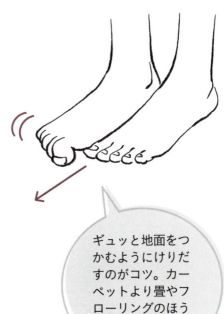

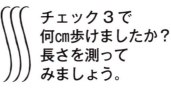

筋肉や関節の状態から脚太り度を判定！

足の指の力で進んだ距離から
あなたの脚の筋力や、
目指すべき課題が
見えてきます。

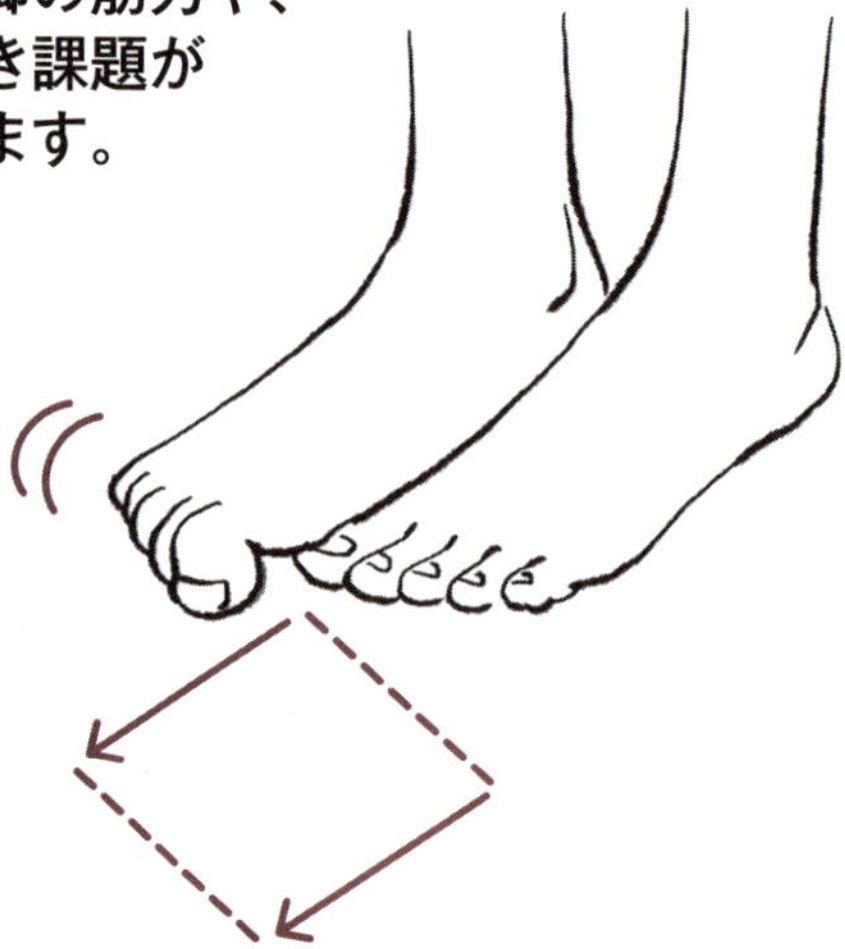

A の人は……◎
全身運動ができています！

- 足指だけで 10～30㎝以上歩けた人は、すばらしい！ とくに、30㎝以上も歩くのは、じつはけっこう大変なんです。そこまで歩けるということは、立派な全身運動ができています。
- 次は、距離を伸ばしていきたいですね。足指だけで 1m 歩けることを目標にしましょう。歩けば歩くほど、全身の筋肉を使うので、代謝がアップし、むくみや冷えも解消されます。

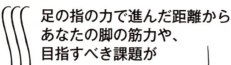

B の人は……△
脚の筋肉が固まっている！

●かろうじて足指の曲げ伸ばしだけはできるようですね。でも、ほとんど前進できないということは、脚の後ろ側の筋肉が固まっている証拠。ふくらはぎの筋肉を鍛えていきましょう。

●あるいは、偏平足の可能性もあります。土ふまずがないと、つま先で地面をける「あおり運動」ができません。この場合は、足の甲（アーチ）を鍛える運動が必要になります。

C の人は……✕
足指の関節が固まっている！

●まったく動けなかったという人は、残念ながら足指の関節が固まってしまっています。筋肉もほとんど使えていないので、放っておくと筋力低下で脚が太くなる可能性も。

●かなりの訓練が必要ですが、逆に考えると、こういう人ほどすぐに、足ゆびストレッチの効果があらわれます！まずは足指を回す動作（→ P38）から始めていきましょう。

ビックリ！
でも事実です

足指を動かせない人が いま急増！ その理由とは

靴をはいた生活の こんなデメリット

1. ●1日10時間も靴をはいて過ごす

↓

2. ●足指はちぢこまったまま

↓

3. ●靴のなかで指の形が変形してしまっている人も！

↓

4. ●足指の動かし方がわからないのは当然

診断テストの結果はいかがでしたか？　BやCだった……と落ち込んでいる人もいるかもしれませんが、珍しいことではありませんので安心してください。

私の教室にいらっしゃる生徒さんも、もともと自分のからだに関心がある人ばかりなのに、私が「足指だけで歩いてみてください」と言うと、キョトンとした顔をします。お手本を見せても「どこを動かすんですか？」「え〜っ、足の指って動くんですか!?」と、最初は驚く人がほとんどです。

足指の動かし方がわからない。そのいちばんの理由は、

足指は全身とつながっている

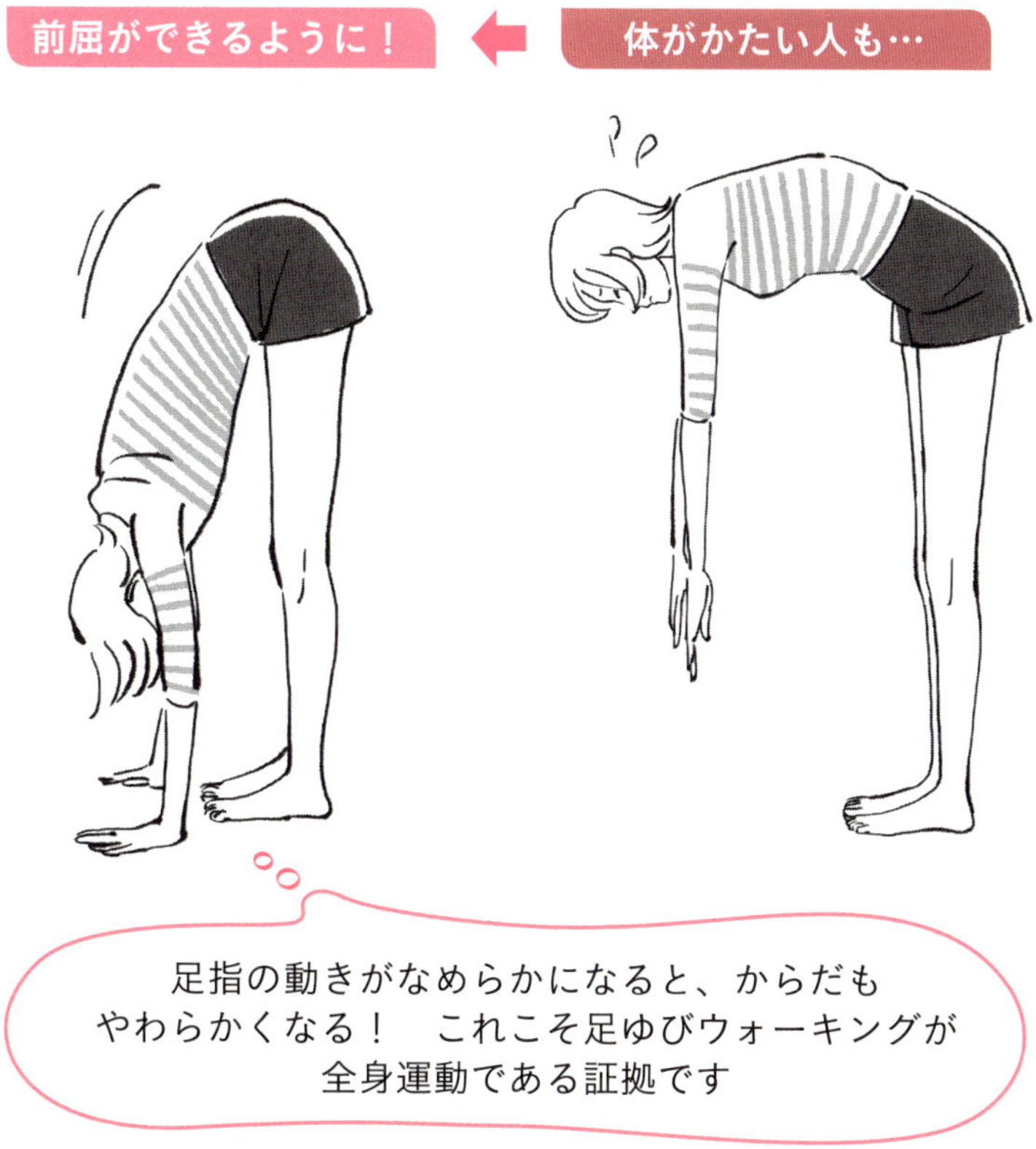
体がかたい人も…
前屈ができるように！
足指の動きがなめらかになると、からだもやわらかくなる！　これこそ足ゆびウォーキングが全身運動である証拠です

ふだん何時間も靴をはいた状態で生活しているからです。その間、足指は靴のなかでちぢこまったまま。ふだん自由に動かすことがないのですから、動かし方がわからないのは当然です。

足ゆびウォーキングでは、ただ足指だけを動かしているように見えますが、実は全身の筋肉を使っています。前屈ができない人（からだがかたい人）は筋肉が固まっていることが多いのですが、足ゆびウォーキングをおこなうと驚くほど前屈ができるようになるのです。

余分なアレがむくみの正体

そもそも、どうして脚はむくむの？

水分や老廃物がひざ下に！ 血流の悪化がむくみの原因

1 ●運動不足や栄養不足、冷え

↓

2 ●代謝がどんどん悪くなる

↓

3 ●血液やリンパの流れがとどこおってしまう

↓

4 ●余分な水分や老廃物がたまり、むくみに

脚がむくむ原因には、さまざまな説があります。

よく知られているのは、代謝が悪くて水分や老廃物がたまるせいでむくむ、というものです。

体内では血管やリンパ管を通して水分や栄養分、老廃物が行き来しています。でも、運動不足や栄養不足、冷えなどによって代謝が悪くなると、血液やリンパの流れがとどこおってしまいます。そして、余分な水分や老廃物がからだにたまっていく。これが、むくみの正体です。

血液は心臓のポンプによって体内をめぐっていますが、脚（とくにひざ下）は心臓か

むくみが解消すれば、誰でも脚が細くなる！

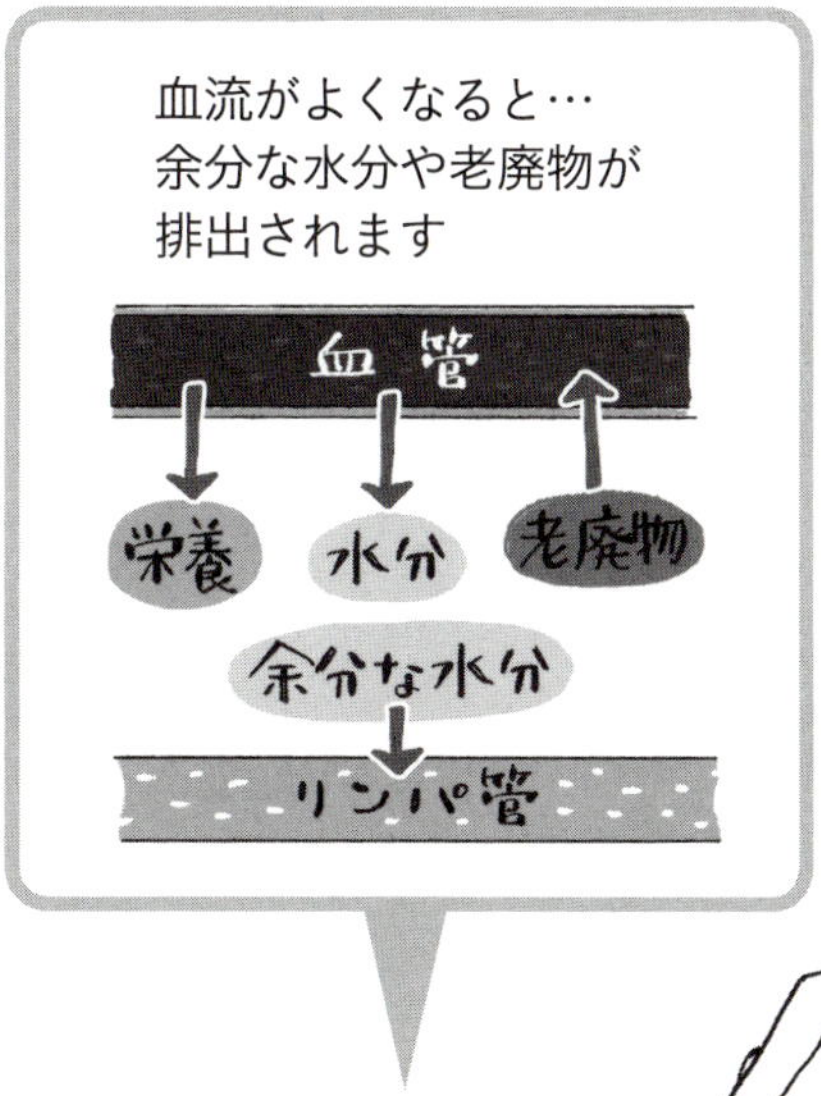

脚は、本来は脂肪がつく部位ではありません。血流のとどこおりを改善してむくみをとれば、ひとまわり細くなります。

ら遠いので、流れが悪くなりがちです。

そこで、ふくらはぎなどの筋肉がポンプの力を補って、血液を心臓に返しています。脚は「第2の心臓」と言えるくらいに重要な役割を果たしているのです。

だから脚の筋肉がほどよくついている人はむくみませんし、逆に筋肉が弱っていれば、脚がパンパンにふくらんでしまいます。

関節や筋肉の重要さを知って、動かそうと意識するだけでも、どんどん脚は変わっていきます。

やせる第１ステップ、「関節」ほぐし

関節はからだを動かす 重要な部位！

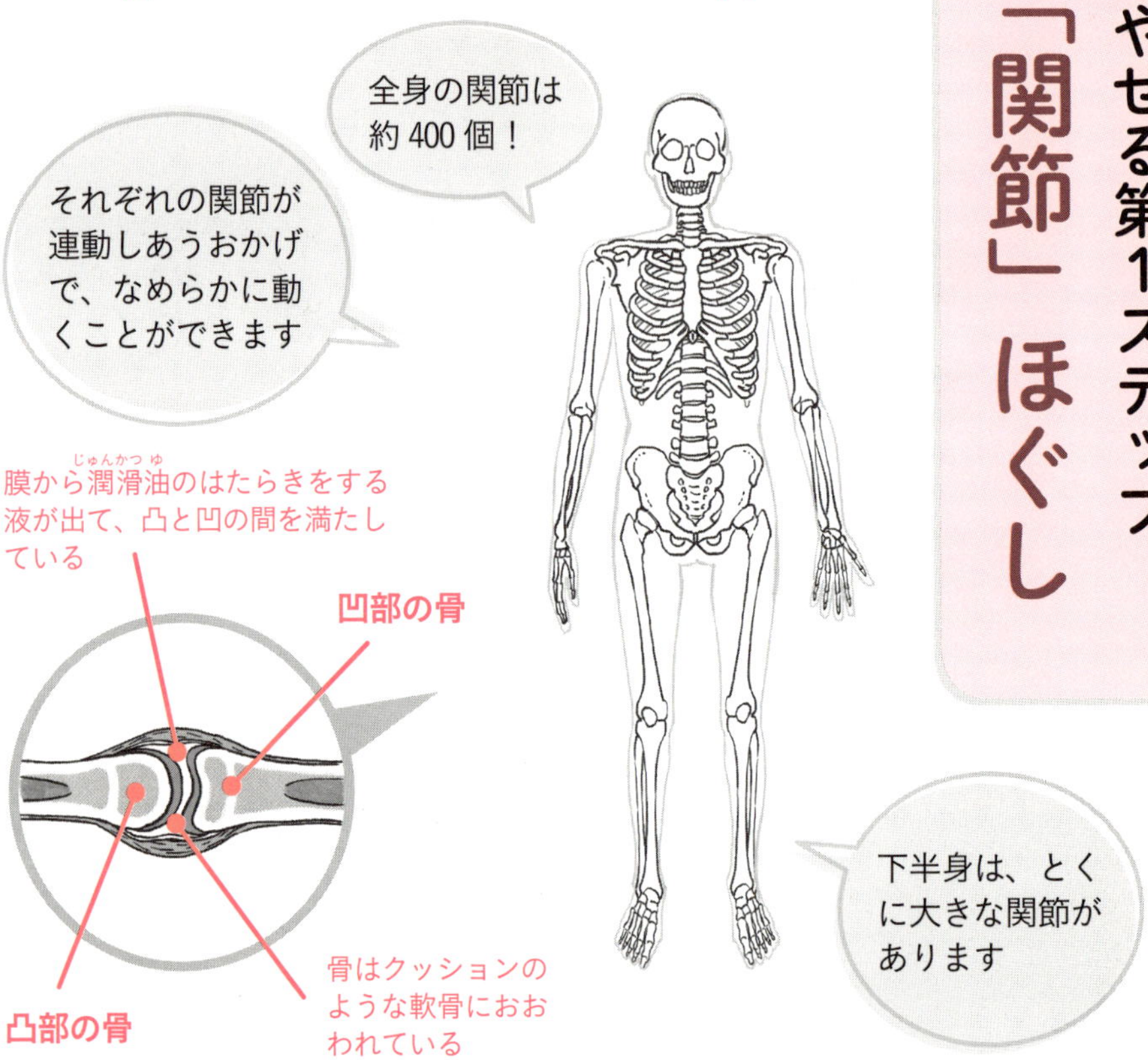
全身の関節は約 400 個！
それぞれの関節が連動しあうおかげで、なめらかに動くことができます
膜から潤滑油《じゅんかつゆ》のはたらきをする液が出て、凸と凹の間を満たしている
凹部の骨
凸部の骨
骨はクッションのような軟骨におおわれている
下半身は、とくに大きな関節があります

「足指って動くんだ！」と実感できたら、次は、固まっている足指の「関節」をほぐしていきましょう。

　人間のからだは約４００個もの関節で支えられていますが、生活習慣や姿勢の悪さ、歩き方のくせなどによって、不具合が出てきます。

　立ちっぱなし、座りっぱなしはもちろん、猫背になってパソコンの画面をながめたり、いつも同じ側でバッグを持ったり……といった何気ない生活習慣もからだに悪影響を及ぼし、関節が固まる原因となります。

　１か所でも関節が固まってしまうと、ドミノ倒しのよう

オフィスでもできる クイック関節ほぐし

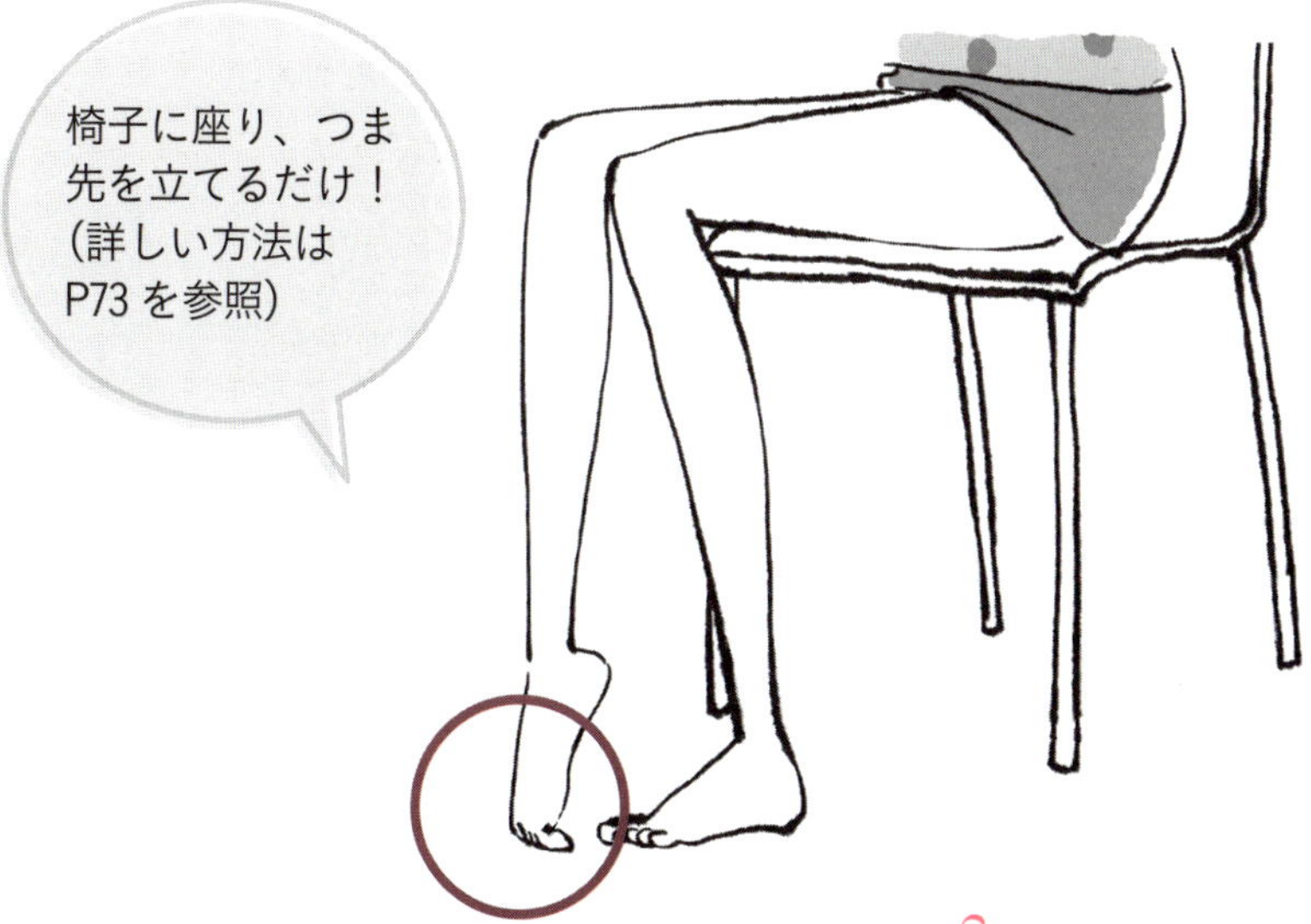
椅子に座り、つま先を立てるだけ！（詳しい方法はP73を参照）

オフィスで椅子に座りっぱなしの日などに、ぜひトライ！　血行がよくなって代謝がアップし、1〜2分後には、からだがぽかぽか温まってきます

にほかの関節にも負担がかかります。だから全身のバランスをとるためにも、関節の1つ1つをほぐすことが大事になってきます。

　といっても、激しい運動をする必要はありません。

　足指を「回す」「引っぱる」、足首を「伸ばす」、ひざを「振る」といったシンプルな動きでじゅうぶん。試しに上図でご紹介したクイック関節ほぐしをやってみてください。

　こうしたストレッチを習慣化すれば、余分な水分や老廃物が流れ、脚がスッキリしてくるはずです。

からだの関節にいい習慣、悪い習慣

関節が固まってしまう原因はこんな生活習慣にあった！

- 立ちっぱなし、座りっぱなしの仕事
- 関節に余分な負担がかかること
- 荷物を片側だけで持つ
- 姿勢の悪さ
- ハイヒール
- 細い靴やとがった靴
- からだの冷え

関節が固まってしまう原因は、いろいろあります。

①関節に余分な負担がかかること

日ごろ関節を動かしていればやわらかいままですが、運動不足になるとかたくなってさびついていきます。

②立ちっぱなし、座りっぱなしの仕事

脚や腰だけで上半身を支えることになり、下半身の関節に負担をかけます。

③ハイヒール

筋肉の少ない人がハイヒールをはくと足どりが不安定になり、歩幅が狭くなるので足首やひざの関節があまり使われなくなります。

足指から骨盤まではこんなふうにつながっている

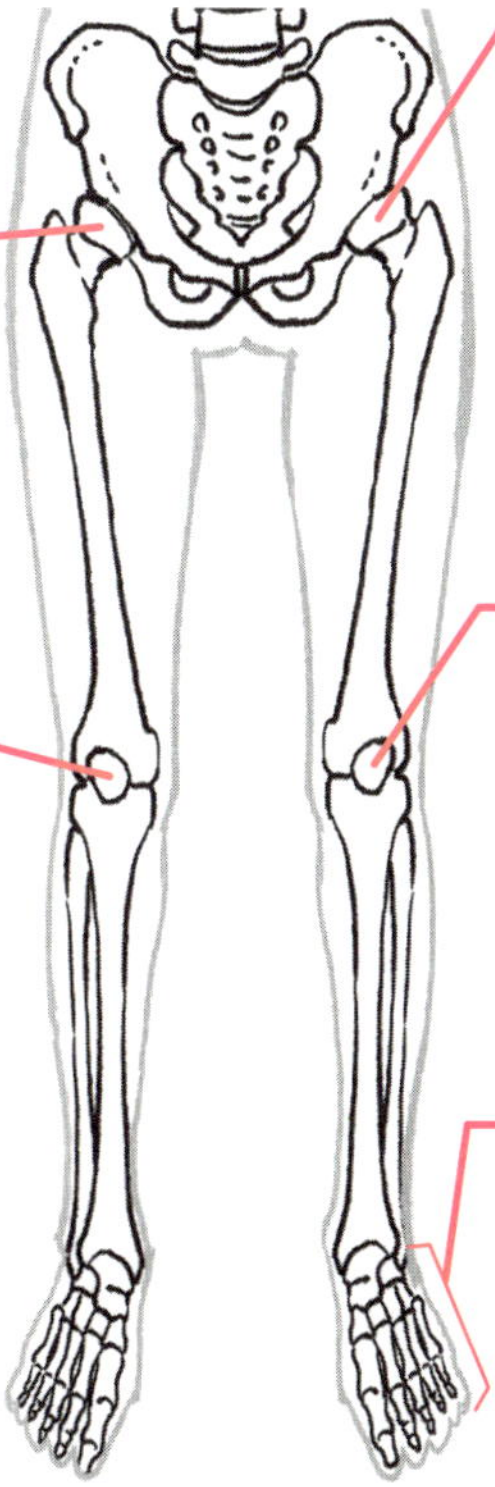

肩と股関節はぐるぐると回すことができる「球関節」

股関節

下半身と上半身を結ぶ要になる重要な関節。大腿骨《だいたいこつ》と骨盤をつないでいて、体重を支え、動きの中心ともなる

ひざとひじは一方向にだけ曲げ伸ばしできる「蝶番《ちょうばん》関節」

ひざの関節

大腿骨と脛骨《けいこつ》・腓骨《ひこつ》を結ぶ。この関節があるおかげで、立ったり、歩いたりできる

それぞれの関節が連動しあっているため、どれか１つが固まっても、ほかの関節に影響が出てしまいます。

足指の関節

足指には、１本につきそれぞれ１～３個の関節があり、地面をつかんだり、けり上げたりする役目をはたしている

④姿勢の悪さ

パソコンやスマホを長時間使っていると上半身の筋肉が緊張し、関節のスムーズな動きをさまたげます。

⑤荷物を片側だけで持つ

重いバッグや荷物をからだの片側だけで持つのも、関節がかたよった状態で固定される原因になります。

⑥からだの冷え

これも関節には大敵です。

⑦細い靴やとがった靴

こういった靴をはいていると、足先が圧迫されて足指の関節が固まり、それが全身にも影響してきます。

トラブルの原因は関節！

足指の関節が固まると、負の連鎖が起こります

足指の関節から あちこちの関節に影響が

生活習慣などで足指が固まり、水分がたまる
足指と連動して足首の関節も固まる
足首の関節が固まるとひざに負担がかかる
ひざが自由に動かないと股関節がゆがみ、からだ全体のバランスがくずれる

私たちは2本脚で立って生活していますから、重力の法則で、どうしても水分や血液、老廃物が下半身にたまりがちになります。

関節に負担がかかって血行が悪くなると、その影響は足に及び、ふだんから足指が固まっている人は、足先がむくんでしまいます。

そうなると足指と連動して足首、ひざ、股関節も固まってゆがんできます。股関節がゆがむと、からだ全体のバランスがくずれるので、足指や足首にさらに負担がかかり、ますます動かなくなる……という負の連鎖が起こってしまうのです。

関節と同様に大切なのが筋力
脚の筋肉で鍛えたいのはココ!

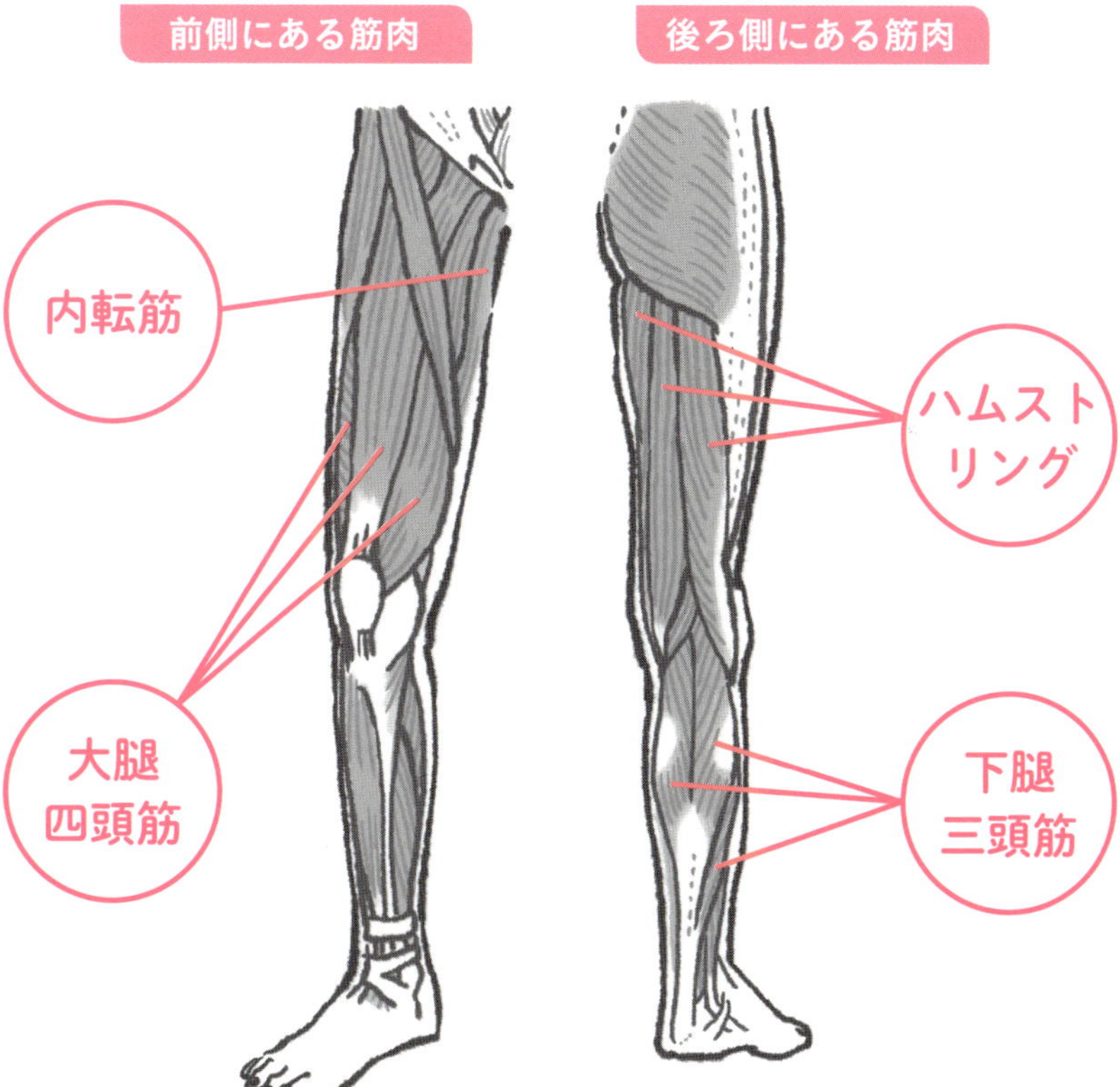
前側にある筋肉
後ろ側にある筋肉
内転筋
大腿四頭筋
ハムストリング
下腿三頭筋

この連鎖を断ち切るためには、まずは関節をほぐすことが大切ですが、同様に脚の筋肉をほどよく鍛えることも必要です。脚の筋力が弱いと、関節の動きもにぶくなってしまいます。

まずは、ふくらはぎの筋肉「下腿三頭筋《かたいさんとうきん》」を鍛えましょう。ここがキュッと締まると、ポンプの働きをして、ひざ下にとどこおっている血液やリンパを上半身に押し上げてくれます。

また「ハムストリング」「内転筋《ないてんきん》」「大腿四頭筋《だいたいしとうきん》」も鍛えておきたい筋肉です。

足指の関節をほぐすことで、正の連鎖が起こります

足指の関節がやわらかくなると
からだじゅうがすっきり&きれいに

1. ●脚の各関節の動きがなめらかになる

↓

2. ●筋肉も連動してほぐれる

↓

3. ●血液やリンパの流れが促進される

↓

4. ●内臓や細胞の働きも活発化する

↓

5. ●全身の代謝がよくなる

↓

6. ●全身がみるみるきれいに大改造される

足指をほぐすと、からだじゅうにどのような効果があるか、見ていきましょう。

まずは足の甲や足首の関節がスムーズに動き、次にひざがなめらかに動くようになります。ひざをしっかり曲げ、大きな歩幅で歩けるようになり、O脚やX脚が改善できます。さらには股関節の動きもなめらかになります。

関節がきちんと動くと、関節をとり囲んでいる筋肉も一緒に動くため、筋肉の強化にもつながります。

関節や筋肉がきちんと動くと、血液やリンパの流れもよくなり、余分な水分や老廃物がどんどん流れます。

毎日の脚ケア習慣から 美脚も健康もつくられます！

お風呂に入ったときに、足指を動かしたりさすったりするだけで効果が

むくみを放置すると

血管が浮き出る静脈瘤になってしまうことも。からだ全体にも悪影響が。

足指をケアすると

足指をちょっといたわるだけでむくみが改善。からだ全体の機能もアップ！

そして血液やリンパの流れが活発になれば、からだ中の細胞に新鮮な酸素や栄養が届きます。老廃物がどんどん排出されて、細胞がきれいになります。

すると、内臓の働きがよくなって、本来持っているからだの機能がアップ。ホルモンの分泌も活発になり、消化吸収もよくなります。

また、血のめぐりやリンパの流れが活発になると、代謝が上がって、脂肪が燃えやすくなるうえ、全身の細胞が活性化してくるので、冷えやむくみも解消されます。

クリームパン足、コッペパン足、アンパン足……あなたは大丈夫？

　脚の悩みで多いのは、なんといっても「むくみ」です。

　むくみと一口にいってもさまざまなタイプがあり、最近とても目立つのは、先端がむくんでいる足です。足の甲やふくらはぎなどはあまり変化がないのに、足の指先だけが“ぽよん”という感じでふくらんで、まるでクリームパンのよう。

　このクリームパン形の足は、ヒールの高い靴を長時間はいている人や、立ち作業を長時間続けている人に多く見られます。足の先端に老廃物や水分がたまりやすいため、指先だけがむくんでしまうのです。さらにこの状態を放っておくと、ニオイの原因にもなります。

　一方、昔から多いのが、ふくらはぎのむくみです。老廃物や水分がひざ下にたまって、ふくらはぎがパンパンにふくらみ、コッペパンみたいな形になってしまいます。このタイプの人は、ひざ下の筋肉が弱いため、ふだんから下半身をあまり動かせていません。だから脚がだるくなりがちで疲れやすく、集中力も長続きしません。

　また、足の甲や足裏がぷよぷよとむくんで、アンパンのようになっている人もよくいます。これも老廃物や水分の流れがとどこおっているせいです。足ゆびストレッチをしてこのむくみがとれると、靴がワンサイズ小さくなる人もいます。

2章

ゆがみ？　むくみ？　筋肉太り…？

自分のからだの状態を知ろう

脚の「太り方」がわかれば ケアの仕方が見えてくる

Check 1

《脚のゆがみチェック》

両脚をそろえて 5点がくっつく？

かかととつま先をつけて立つ。美脚の条件は5点づき4点あき

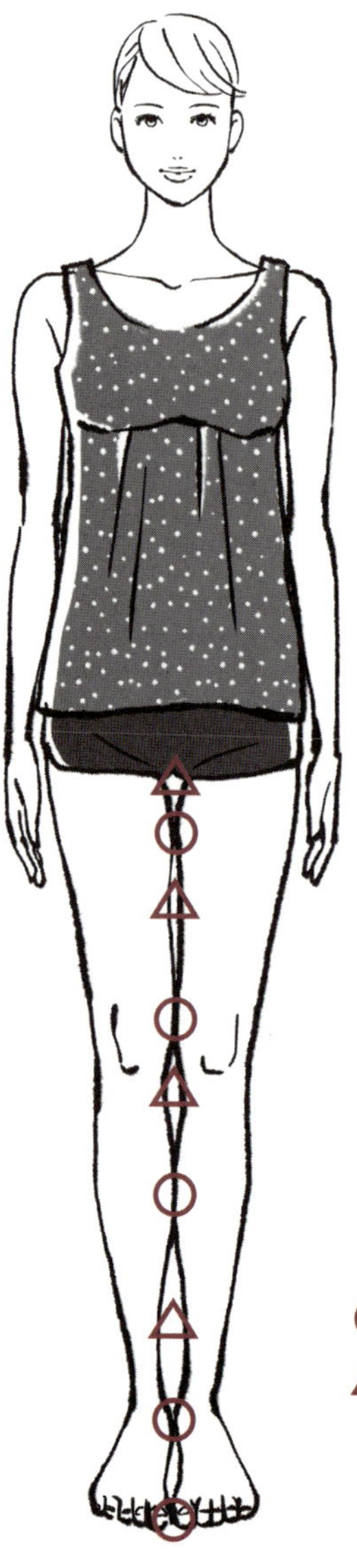

○…5点づき

△…4点あき

診断結果

- どれか1点でもくっつかない人はO脚です。
- ひざだけくっつく人はX脚です。
- 太ももがぴったりくっついてしまう場合は脂肪太りです。

Check 2

《脚のゆがみチェック》

股関節を回せる?

あおむけになり片方のひざを曲げ、ゆっくり股関節を回す

診 断 結 果

- ●股関節を回しにくい人は、代謝が悪く、むくみやすい体質です。
- ●回すときに左右差がある人はからだがゆがんでいます。

Check 3

《足首の固まりチェック》

つま先を上げて立てる？

診断結果

- ふくらはぎにピリピリ痛みを感じても、ひざを曲げずにまっすぐ立てれば OK。
- 厚みが 5cm 以下でもひざが曲がる人は問題ありです。

電話帳などの厚みのある本に、つま先を乗せる
5cm

Check 4

《ひざのゆがみチェック》

ひざをまっすぐ伸ばして座れる？

両脚を伸ばして
床に座る

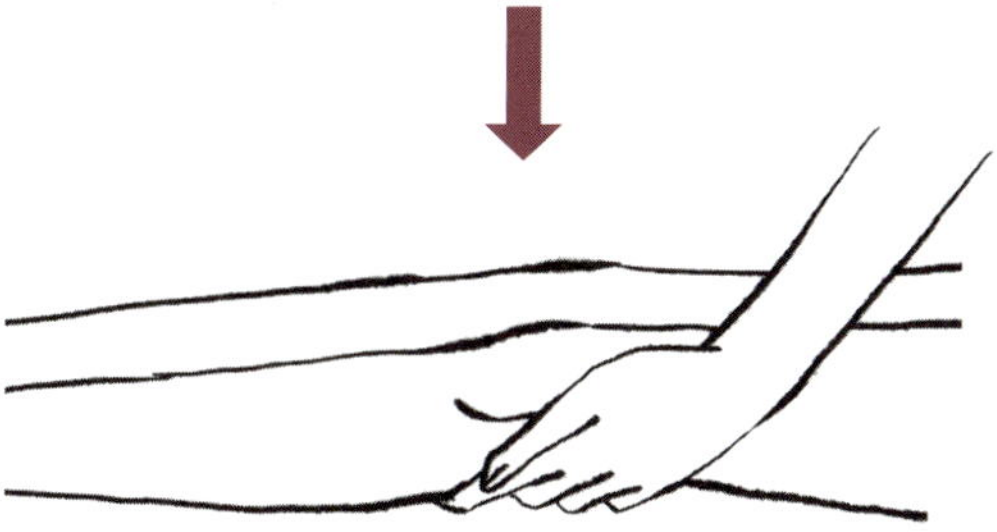
ひざの裏に手を
入れる

診断結果

- 手が入る人は、ひざが床から浮いている状態。ひざが曲がって固まっています。
- 歩幅が狭いことなどが原因です。

Check 5

《脚のむくみチェック》

何個あてはまる？

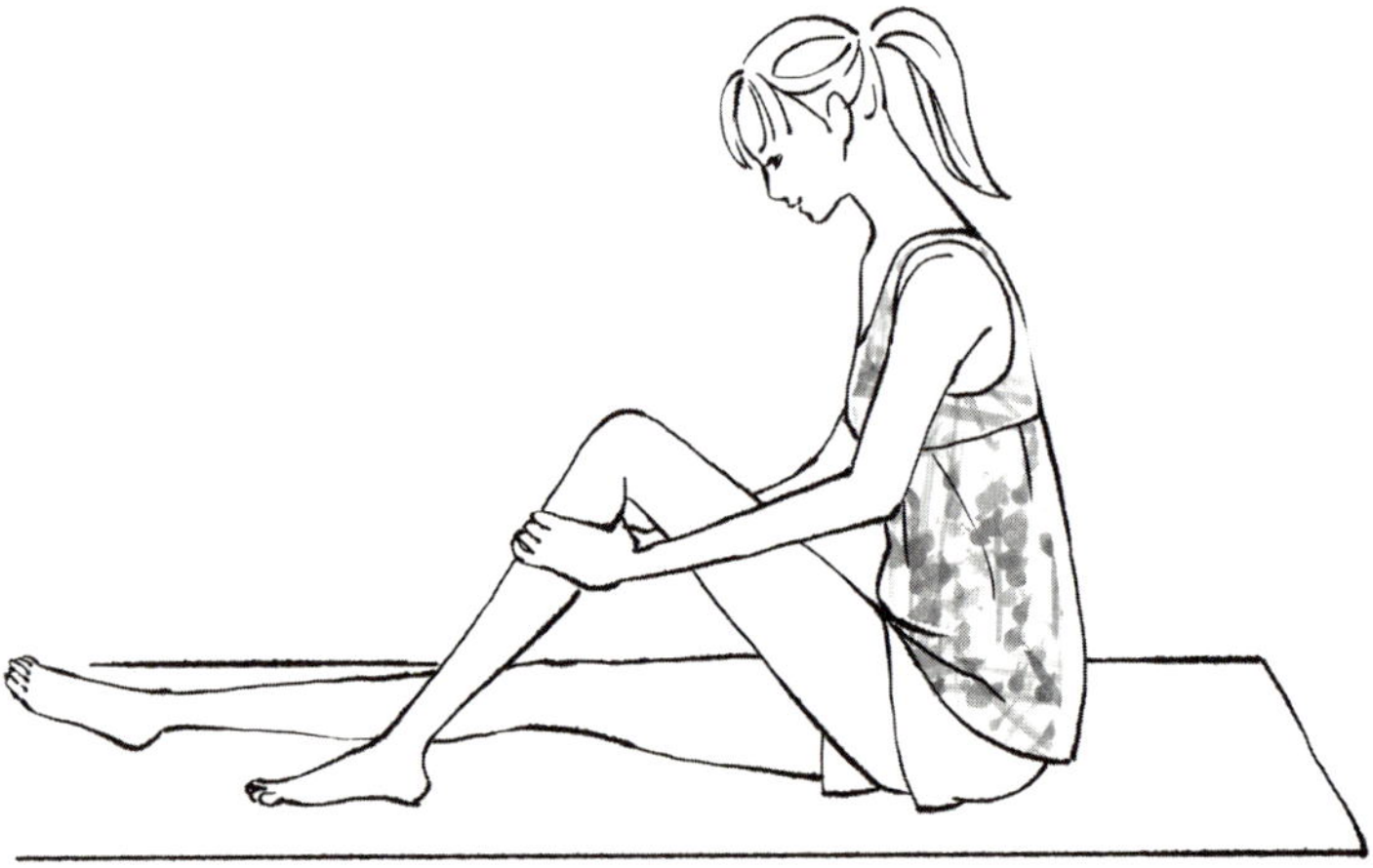

□冷え症である
□夕方になると靴がきつくなる
□トイレは遠いほうだ
□脚全体がぽっちゃりしている
□お風呂では湯船につからず、シャワー派である
□靴下を脱いだら跡がついている
□足の甲のお肉がつまめる
□足首が太い
□足の指をひらいたり閉じたりできない

診断結果

- ２個以上当てはまる人は、むくみ太りタイプ。
- 水分代謝が悪く、余分な水分が下半身にたまっています。まずは代謝の改善を。

Check 6

《筋肉太りチェック》

何個あてはまる?

□太ももやふくらはぎの筋肉が外側に張り出している
□左右の脚の太さや形が違う
□特定のスポーツをしている
□ふくらはぎの筋肉が張ってかたくなっている
□運動後のケアを省いて、すぐにほかのことをはじめがち
□営業職である
□立ち仕事をしている
□自転車通勤（通学）をしている
□以前にスポーツをしていたことがある

診断結果

- ●２個以上当てはまる人は、筋肉太りタイプ。
- ●まずストレッチなどで筋肉をほぐしてあげることが大事です。

Check 7

《脂肪太りチェック》

何個あてはまる?

□全身がぽっちゃりしている
□体脂肪率が高い
□足首のいちばん細い部分の肉を、指でつまむことができる
□ひざ上の肉を、指でつまむことができる
□運動は苦手で、家でじっとしていることが多い
□両脚をつけて立つと、隙間がほとんどできない
□エスカレーターやエレベーターを使いがち
□ほかの人より食べるのが速く、量が多いと感じる
□歩くよりタクシーや車に乗ることが多い

診断結果

- ●２個以上当てはまる人は、脂肪太りタイプ。
- ●食事制限では脚の脂肪を落とせません。簡単な運動からはじめましょう。

ダイエットは
「3か月」続けることを目標に

「絶対にやせる！」

そう誓っても、人間のモチベーションはあまり長く続かないのが現実です。どんなにがんばっても、せいぜい3か月。それまでに何らかの結果がでないと、心が折れてしまいます。

そういった心のしくみをわかったうえで、うまく目標を立てることがダイエットを成功させるコツといえます。

たとえば、私の教室にいらっしゃる生徒さんのなかには、

「ダンスの発表会にミニドレスを着る予定です。脚に自信がないのでがんばってやせて、ドレス姿をみんなに披露します」

といって、がんばった人もいます。実際にミニドレスを着た写真を見せてもらいましたが、すてきな姿に変身していて、「すごい！」と驚きました。

大好きな女優の写真を鏡の横に置いて、

「自分も絶対こんなふうにすてきな姿になる」

と、鏡をのぞくたびにイメージする作戦も、意外に効果が。私は成功した例をいくつも見ています。

あなたも3か月間モチベーションを保つために、具体的な目標を1つ決めてみましょう。

絶対にがんばりたい！という切実な目標を設定できれば、すでに半分は成功したようなものです。

3章

1日5分！　回す、引っぱる、押す、振る…

脚がみるみるやせる足ゆびストレッチ

継続は力なり
まずは5分！

毎日、お好きなときに気分に合ったストレッチを

足ゆびストレッチ 習慣化のコツ

1 ●いちばん大事なことは、
毎日「続ける」こと

2 ●負担にならない量を１日５分くらいで

3 ●どれか１つだけでも効果が出ます！

4 ●実践するタイミングは
「いつでもお好きなときに」

さて、これから足指をメインに、下半身のいろんな部位のストレッチを紹介します。

始める前にまず、いちばん大事なことをお伝えしましょう。それは、毎日「続ける」ということ。当たり前のようですが、肝心なことです。

続ければ、効果は足し算になります。でも、今日は疲れちゃったから……と止める日があると、引き算どころか最初のゼロ地点までリセットされてしまいます。

続けることのほうが大事なので、負担にならない量をおこないましょう。時間でいえば、1日5分くらいでじゅうぶんです。

こんなに使える！ 家のなかにあるグッズ

ゴルフボールやマジックペン

ツボをギュッと押すのに使う。調味料のびんで代用するのもいいでしょう

椅子

安定した、かたい椅子が理想的。やわらかいシートはおしりが沈み込むのでNG

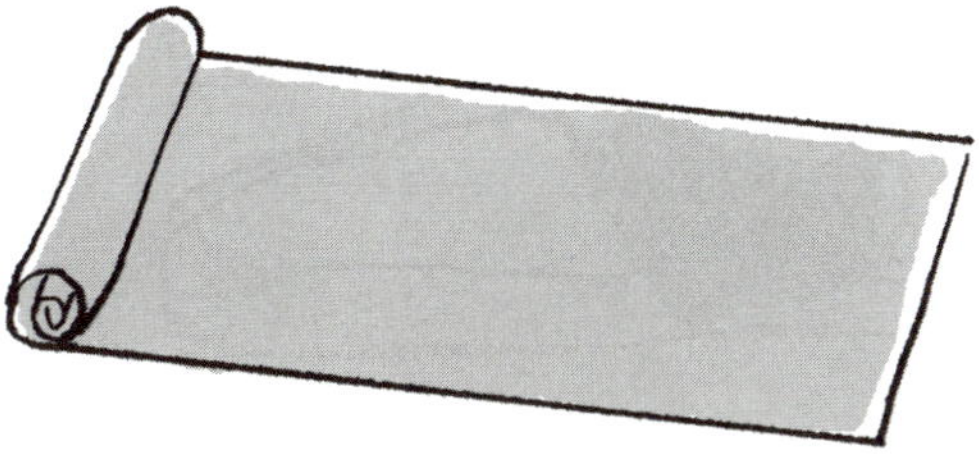

ヨガマット

フローリングに敷くなら厚さ5～8mm。畳やじゅうたんの上なら3mmでもOK。厚めのベッドパッドなどを利用する手もあります

もちろん全部のストレッチをおこなうのが理想的ですが、どれか1つだけでも効果が出ます。その日やりたいものを選べばいいんです。

タイミングは、お風呂のお湯をためている間でも、お風呂のなかでも、寝る前でも、起床後すぐでも、いつでもお好きなときに。その日の気分で変えてかまいません。

「部屋が狭くて、どうしても、寝転ぶスペースがベッドしかない」という場合は、仕方ありません。まずはやってみることが大切ですから、そのベッドでチャレンジしましょう。

まずは回して
ゆるゆるに

つまんで回して引っぱって…
足ゆびストレッチ①

効果
・足指の関節をほぐす。
・足指の可動域（動く範囲）を広げる。

1 足の指をつまむ。

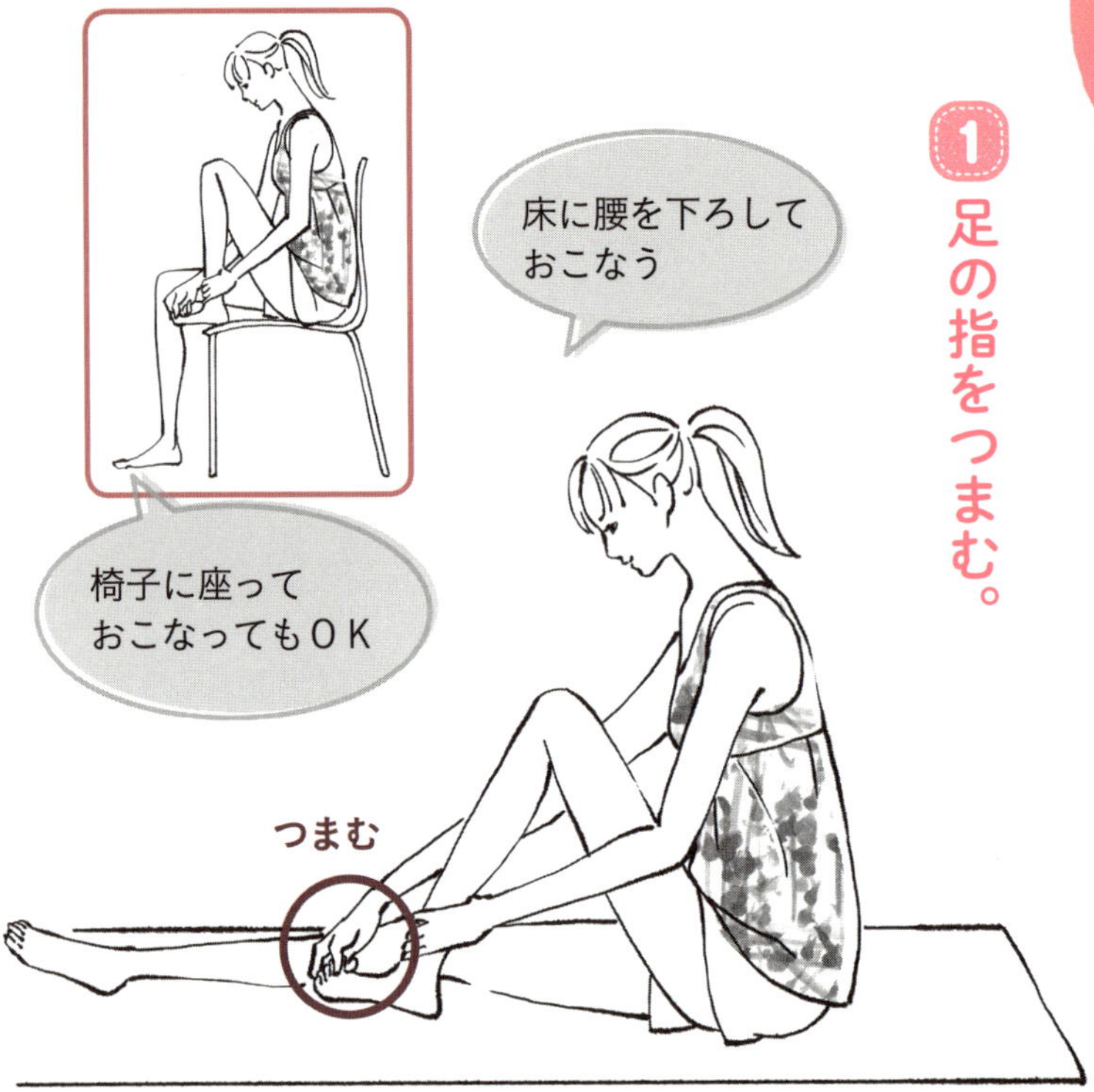
床に腰を下ろして
おこなう
椅子に座って
おこなってもＯＫ
つまむ

2 指を回す。

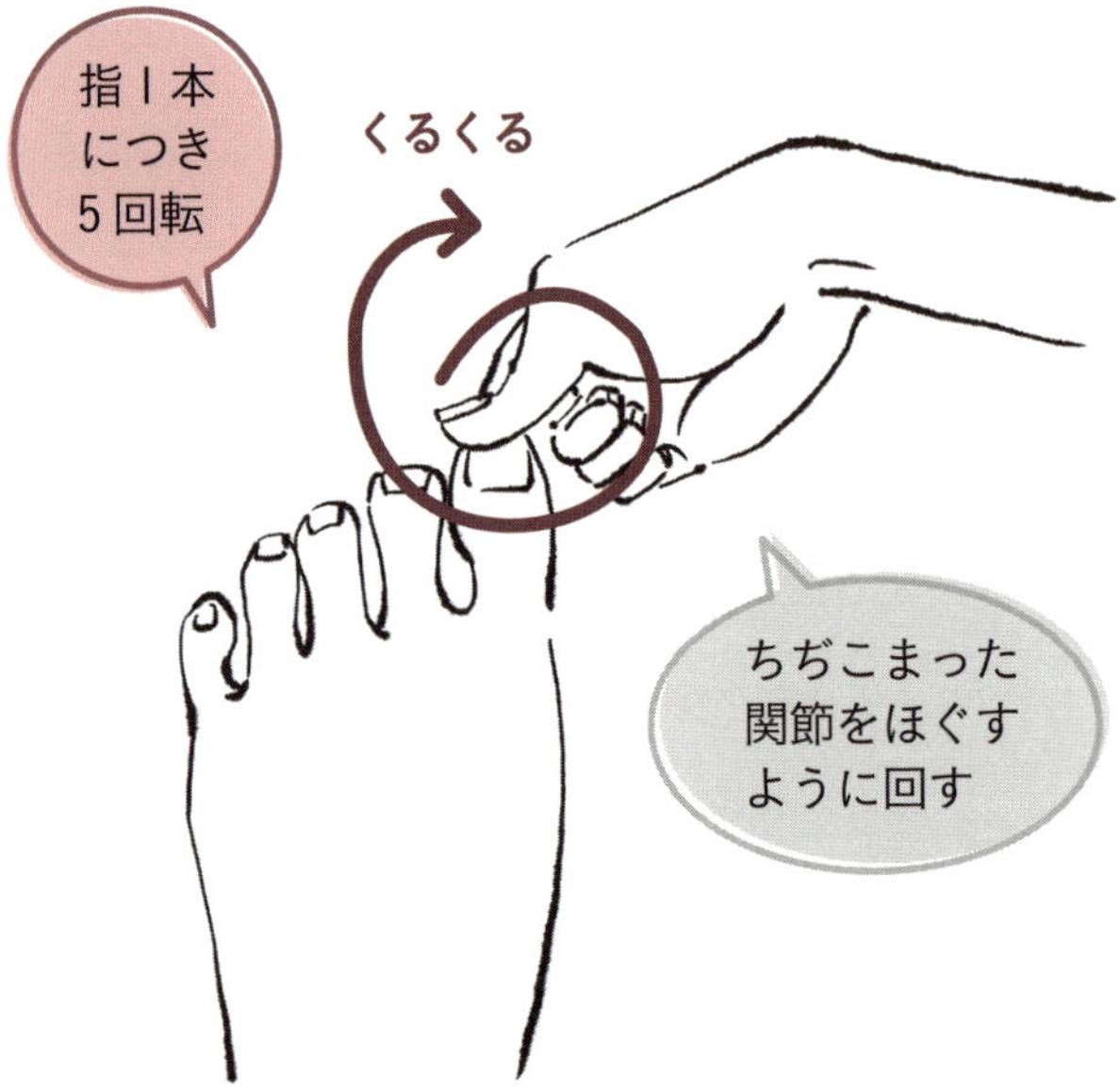
指１本
につき
５回転
くるくる
ちぢこまった
関節をほぐす
ように回す

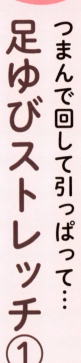

3 指を引っぱる。

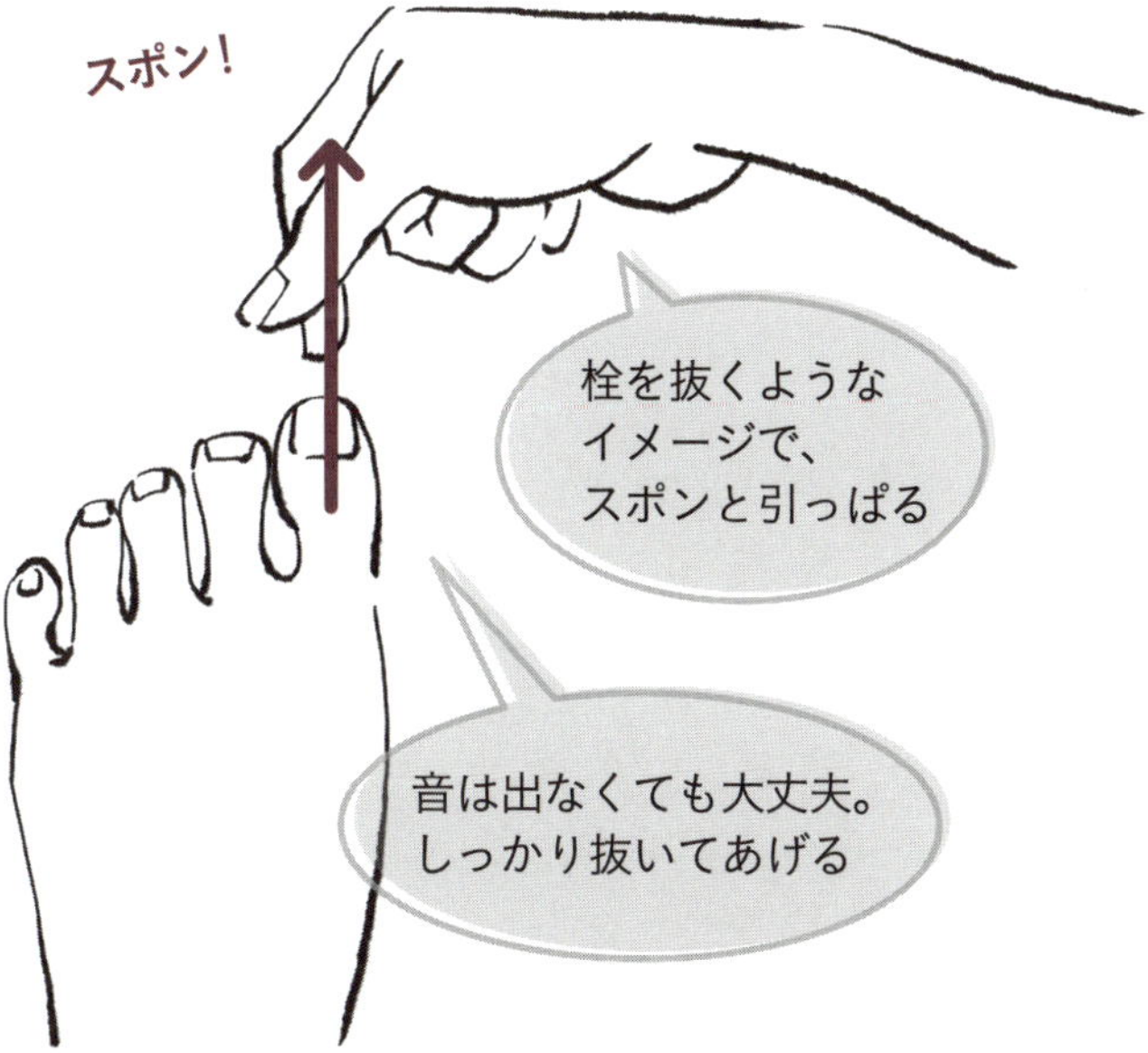
スポン!
栓を抜くような
イメージで、
スポンと引っぱる
音は出なくても大丈夫。
しっかり抜いてあげる

4 ほかの指も同様に、回す&引っぱる。

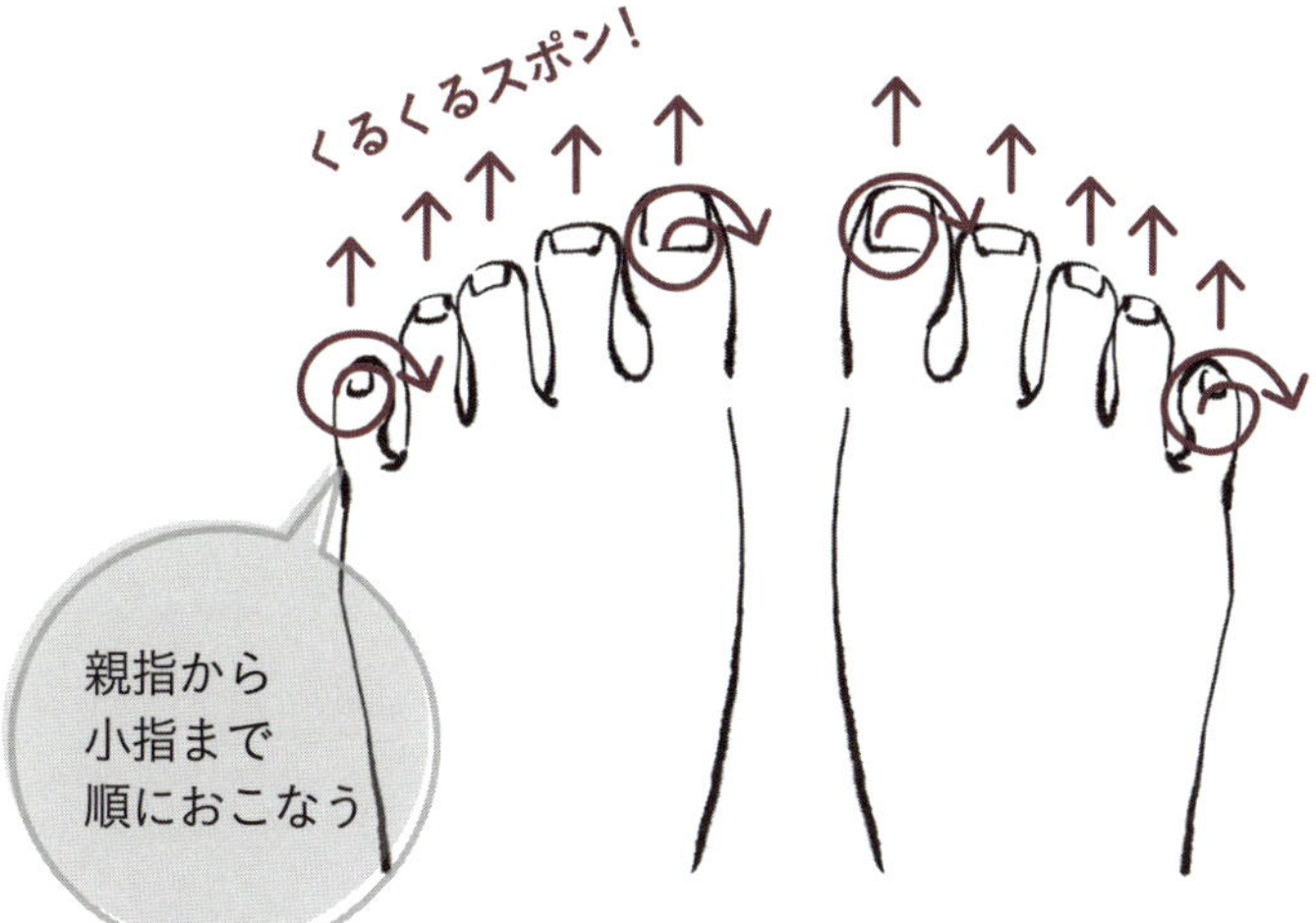
くるくるスポン!
親指から
小指まで
順におこなう

POINT

- カチコチに固まっている人も、お風呂に入って関節をやわらかくした状態で指を回してあげると、より効果が上がります。
- 指がはれている、痛すぎる（＝炎症を起こしている）という場合は、無理におこなわず、はれや痛みが引くまでお休みを。

さらに関節を
ゆるゆるに

指の間が広がると気持ちい〜い 足ゆびストレッチ②

効果

・足指の関節をほぐす。
・足指の可動域（動く範囲）を広げる。

1 左足を右ひざに乗せる。

床に腰を
下ろして
おこなう
左手で
左足首を
支える

2 手の指を足の指の間に入れる。

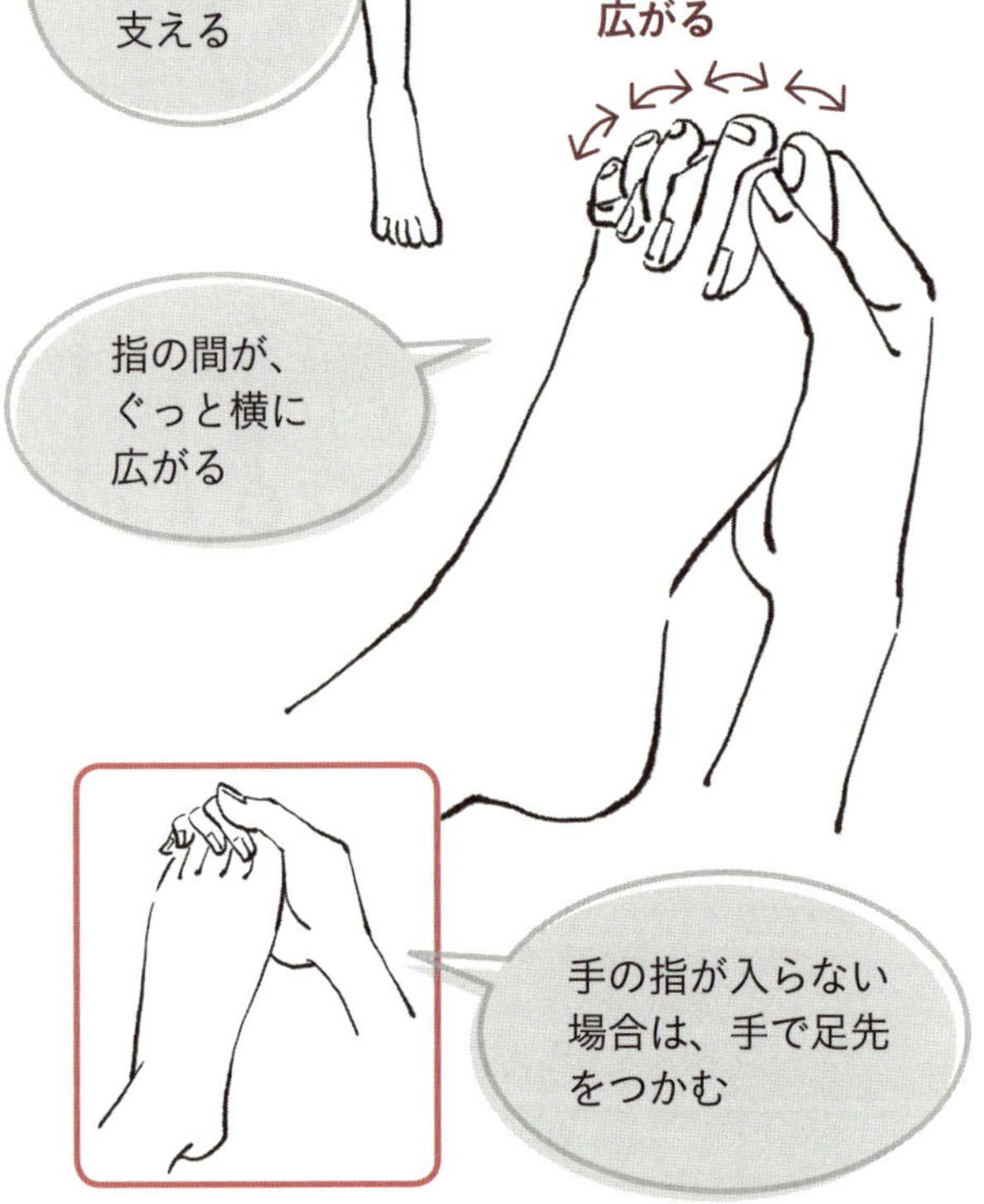

広がる
指の間が、
ぐっと横に
広がる
手の指が入らない
場合は、手で足先
をつかむ

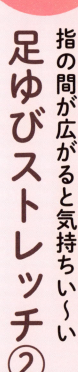

3 左足の先を曲げる。

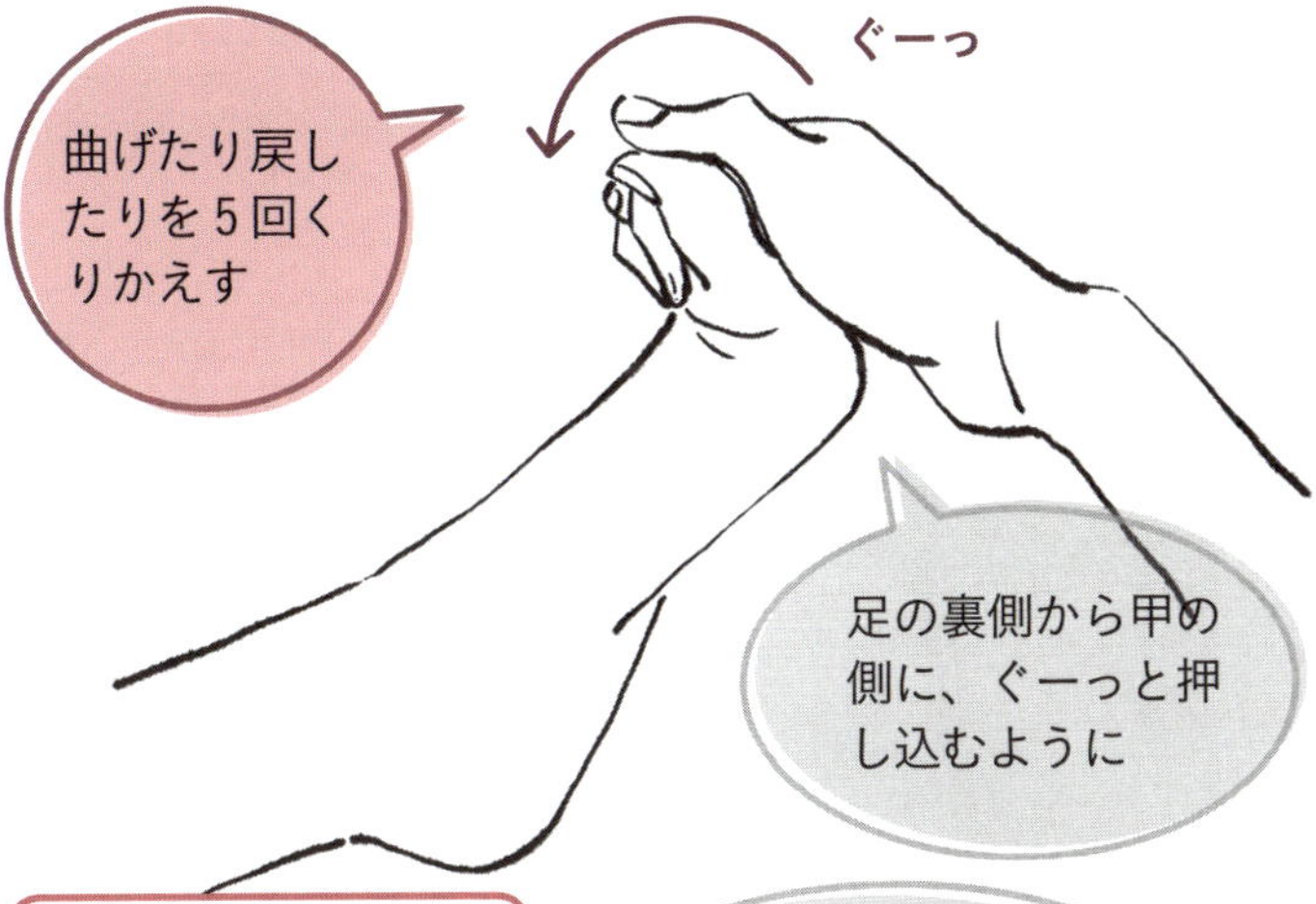
ぐーっ
曲げたり戻したりを5回くりかえす
足の裏側から甲の側に、ぐーっと押し込むように

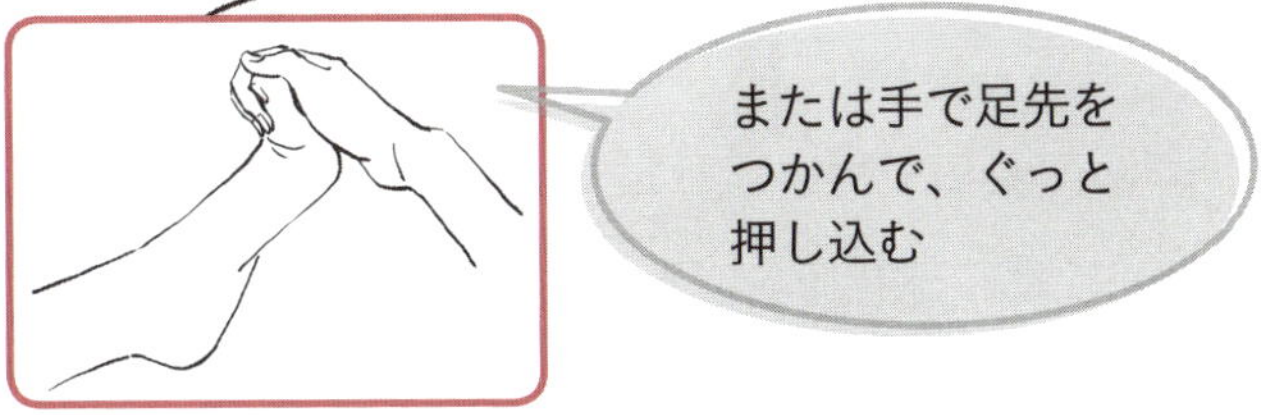
または手で足先をつかんで、ぐっと押し込む

4 右足の指も同様に、曲げる。

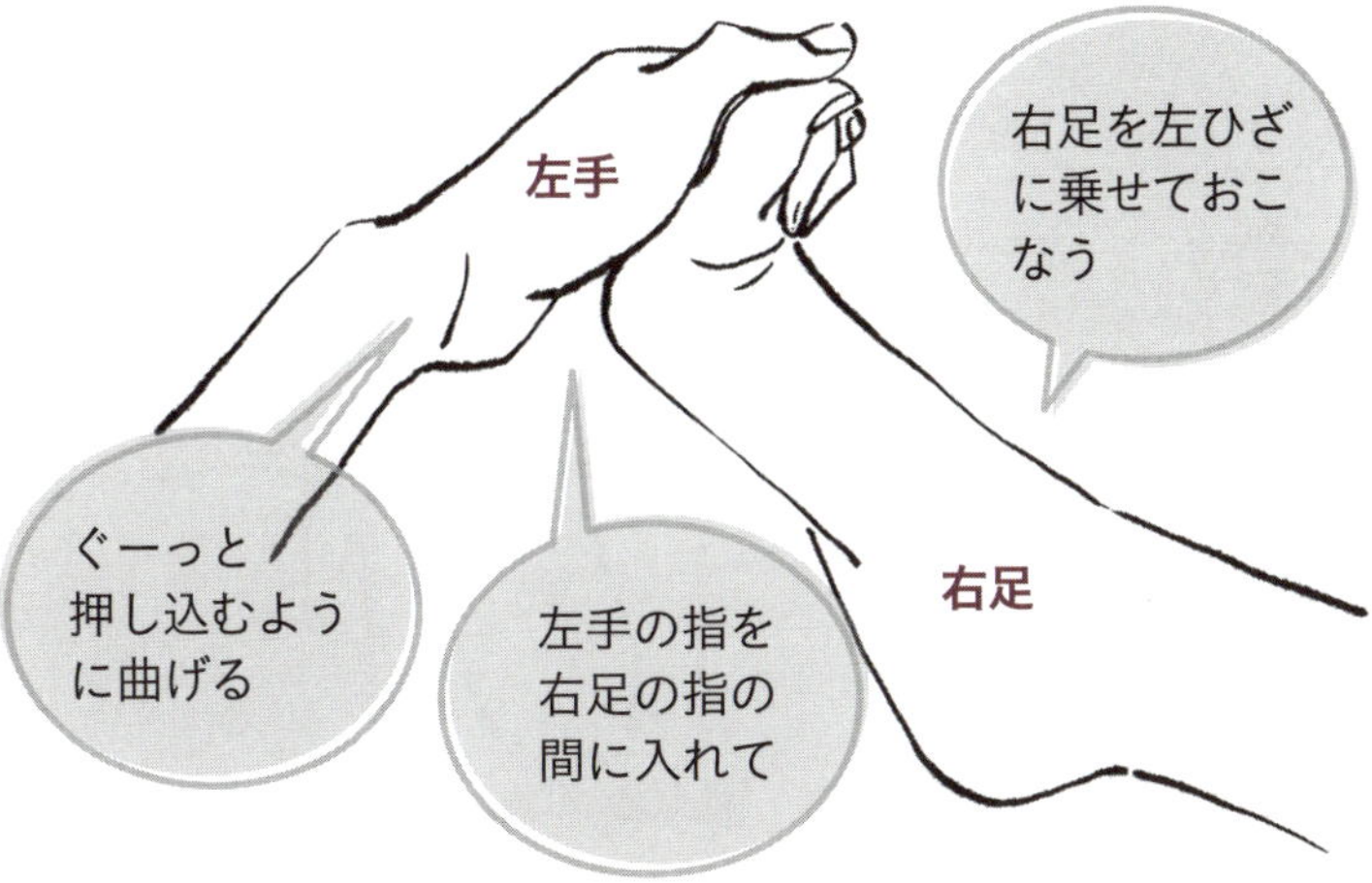
左手
右足を左ひざに乗せておこなう
ぐーっと押し込むように曲げる
左手の指を右足の指の間に入れて
右足

POINT

- 足の指がひらかない、手の指が入らない、という方はけっこういます。ふだん使っていないので、関節が固まっているんですね。
- ひどく固まっている人でも、毎日おこなうと関節がほぐれて、やわらかくなっていきます。お風呂のなかでもできますよ。

指の関節が
ぐっと曲がる

末端を動かすだけで代謝アップ！
足ゆびストレッチ③

1 ひざ立ちをする。

両足のかかとをくっつける
つま先を立てる
両ひざをくっつける

2 座る。

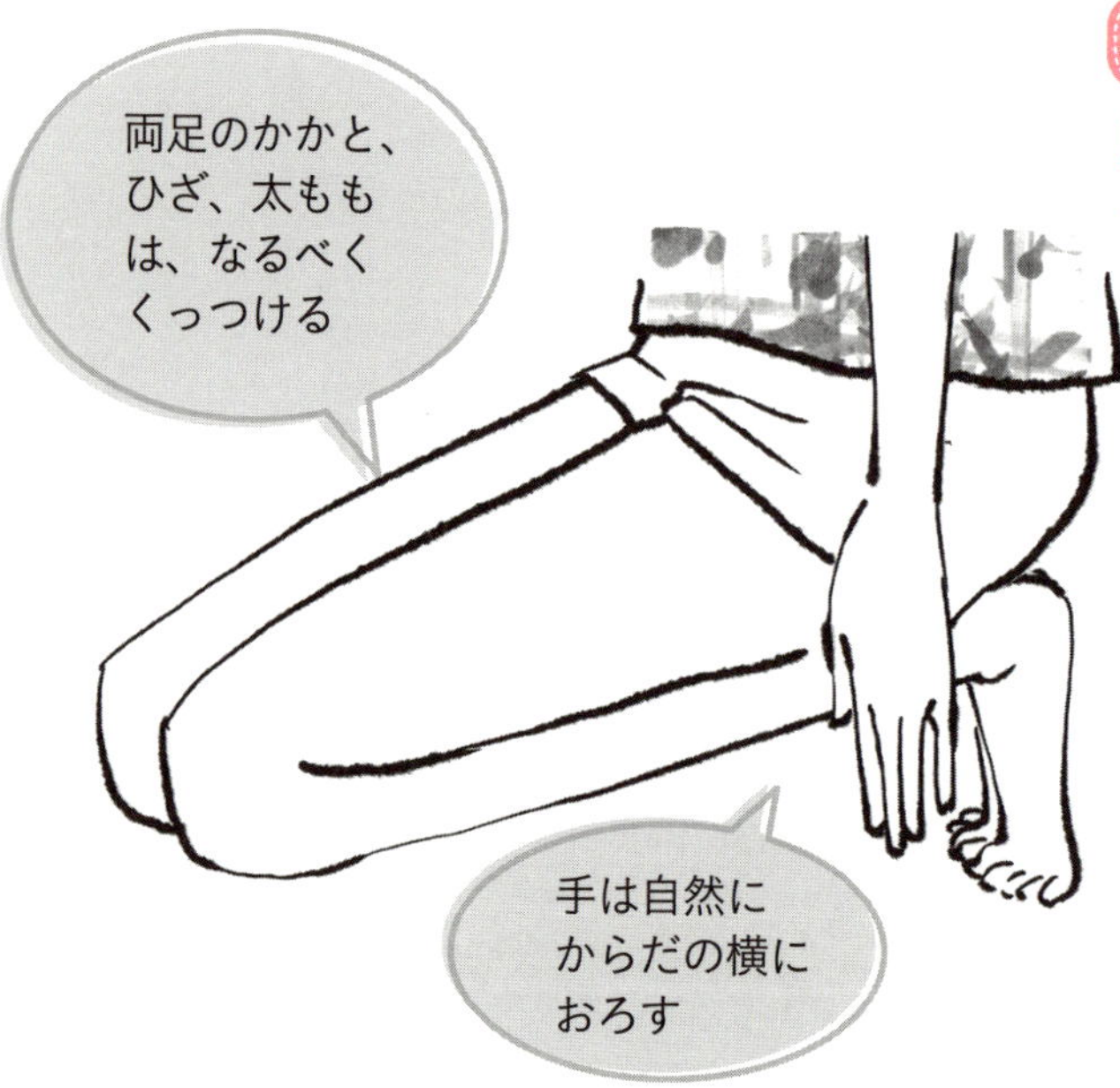
両足のかかと、ひざ、太ももは、なるべくくっつける
手は自然にからだの横におろす

効果
・足指や足首の関節をほぐす。
・全身の代謝が上がる。

3 腰を左右に動かす。

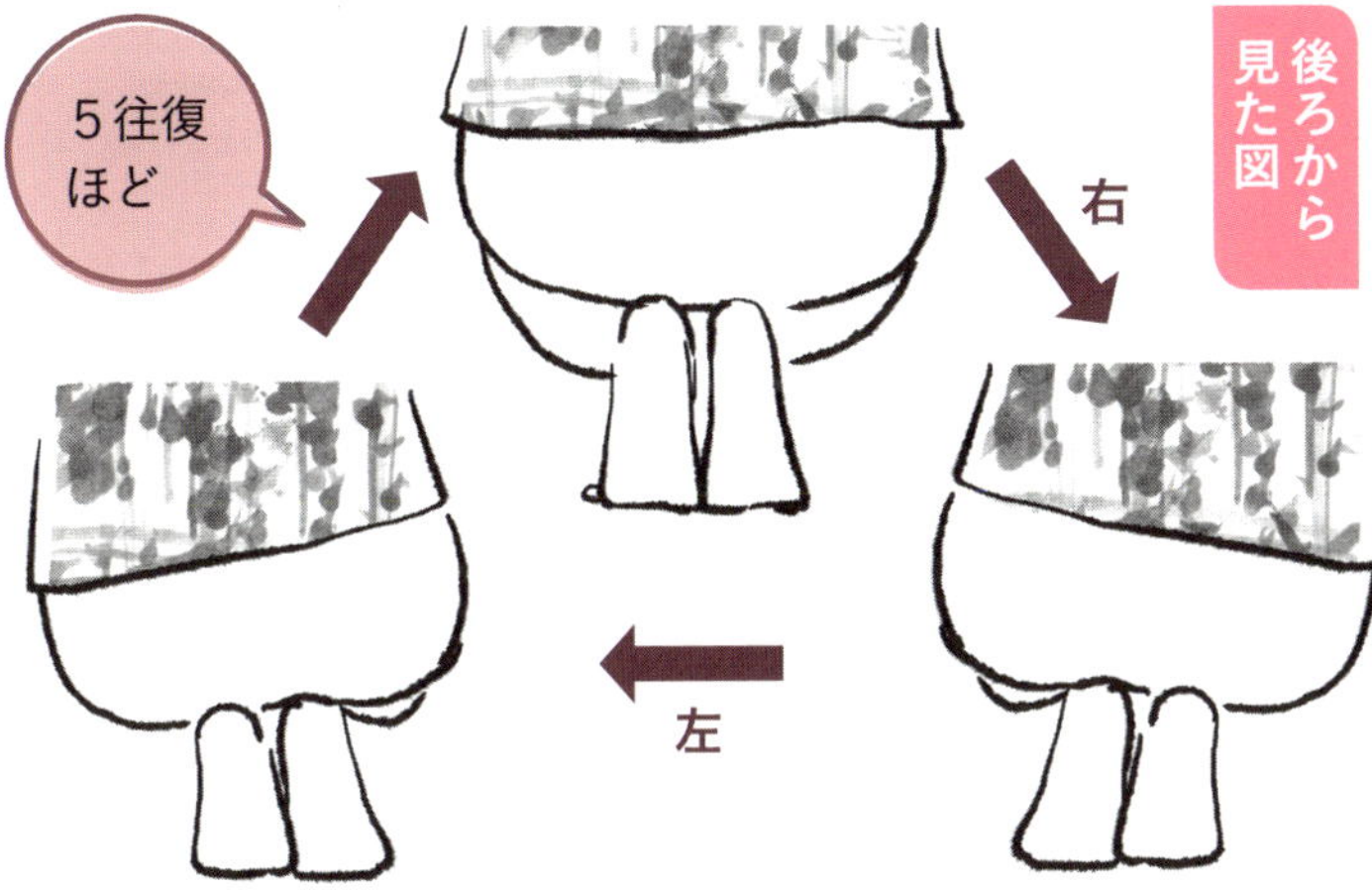
後ろから見た図
5往復ほど
右
左

横から見た図
太ももや腰に手を当てるとバランスをとりやすい

体勢がきつい人は、ひざ＆かかとを少しひらいてもＯＫ

小指から親指まで、順に曲がるイメージ

POINT

- 自分の体重が乗るので、足指の関節がぐっと曲がります。アキレスけんもしっかり伸びるため、足首もやわらかくなります。
- ふだん使われることが少ない内転筋（太ももの内側の筋肉）も使われるため、こうして末端を動かすだけで全身の代謝が上がるんです。

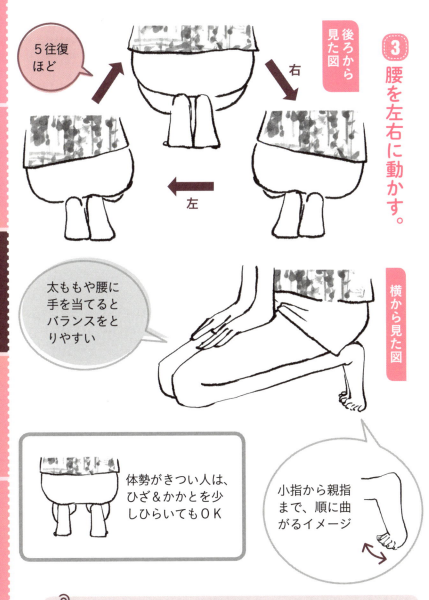

土ふまずを刺激

ゴルフボールご〜ろごろ
足の甲ストレッチ

効果
・土ふまずに縦のアーチができる。
・全身の代謝が上がる。冷え症の改善。

1 足裏でゴルフボールをころがす。

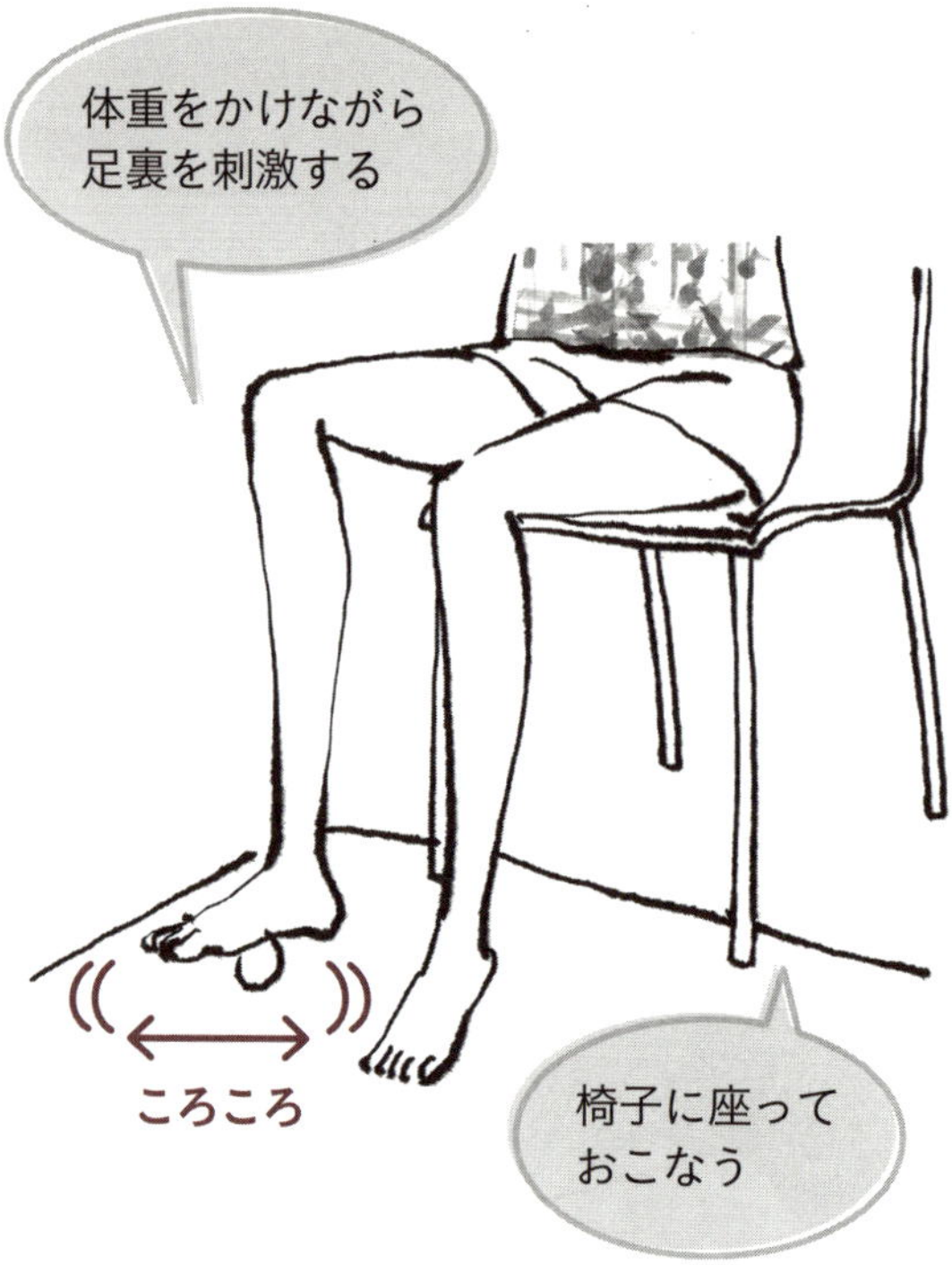
体重をかけながら
足裏を刺激する
ころころ
椅子に座って
おこなう

2 足の指でボールをつかむ。

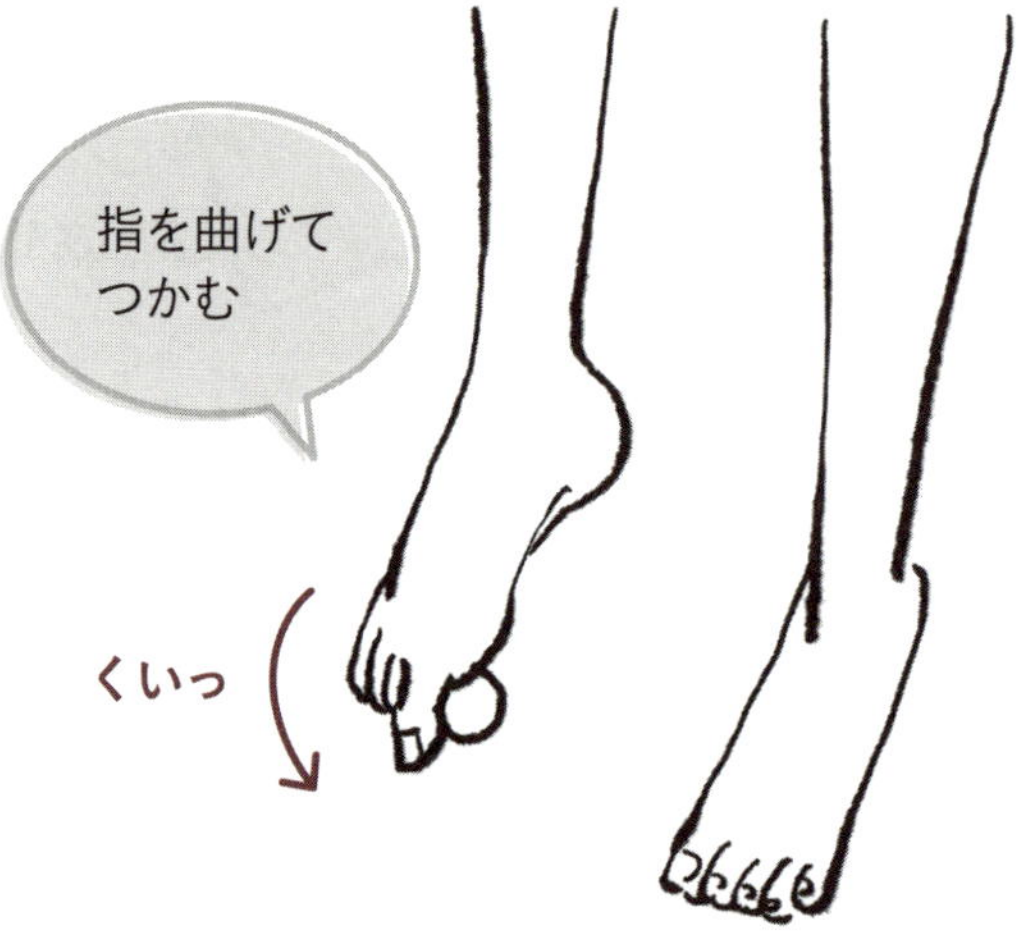
指を曲げて
つかむ
くいっ

③ ボールを持ち上げる。

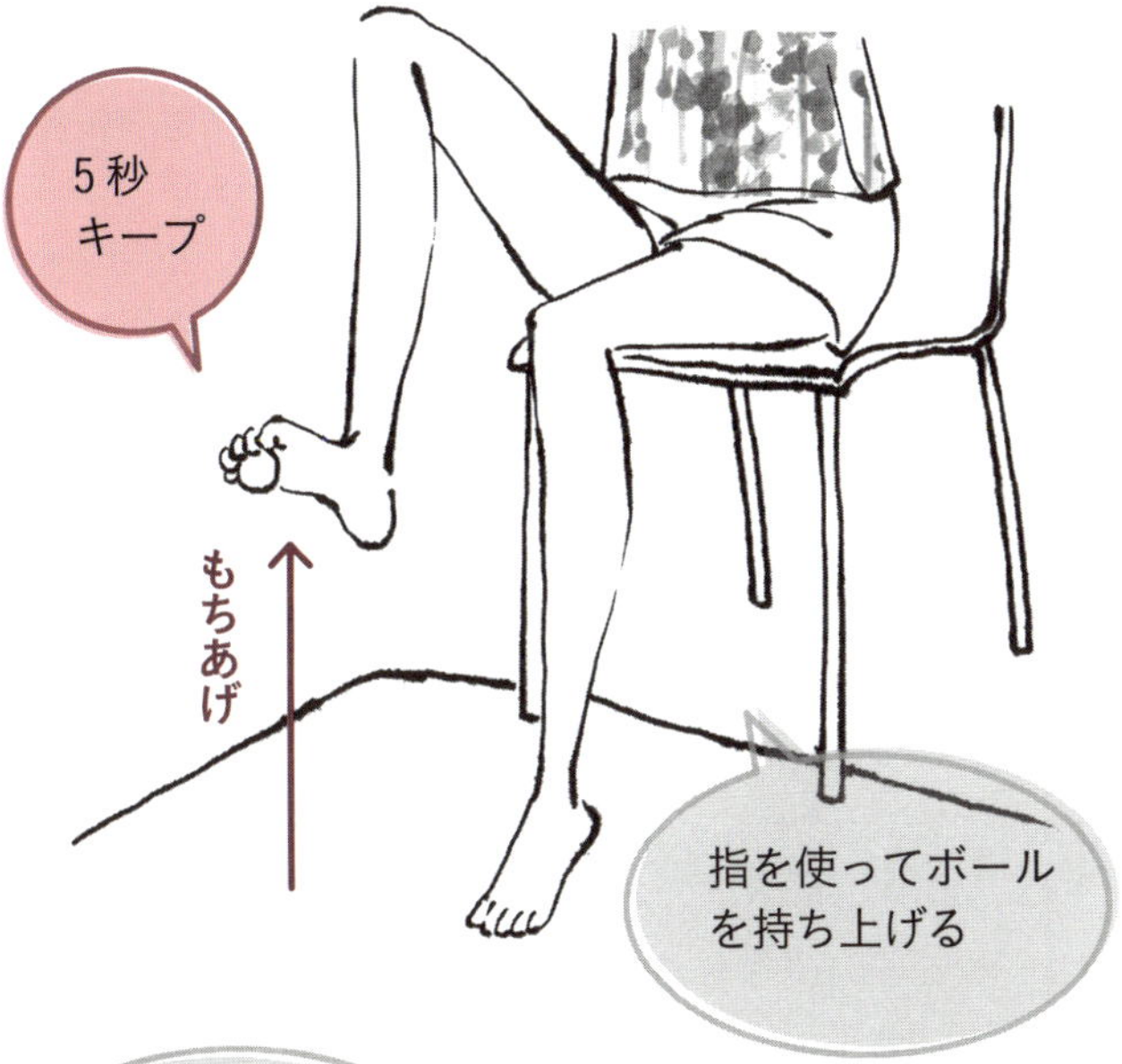
5秒キープ
もちあげ
指を使ってボールを持ち上げる

④ 左足も同様におこなう。

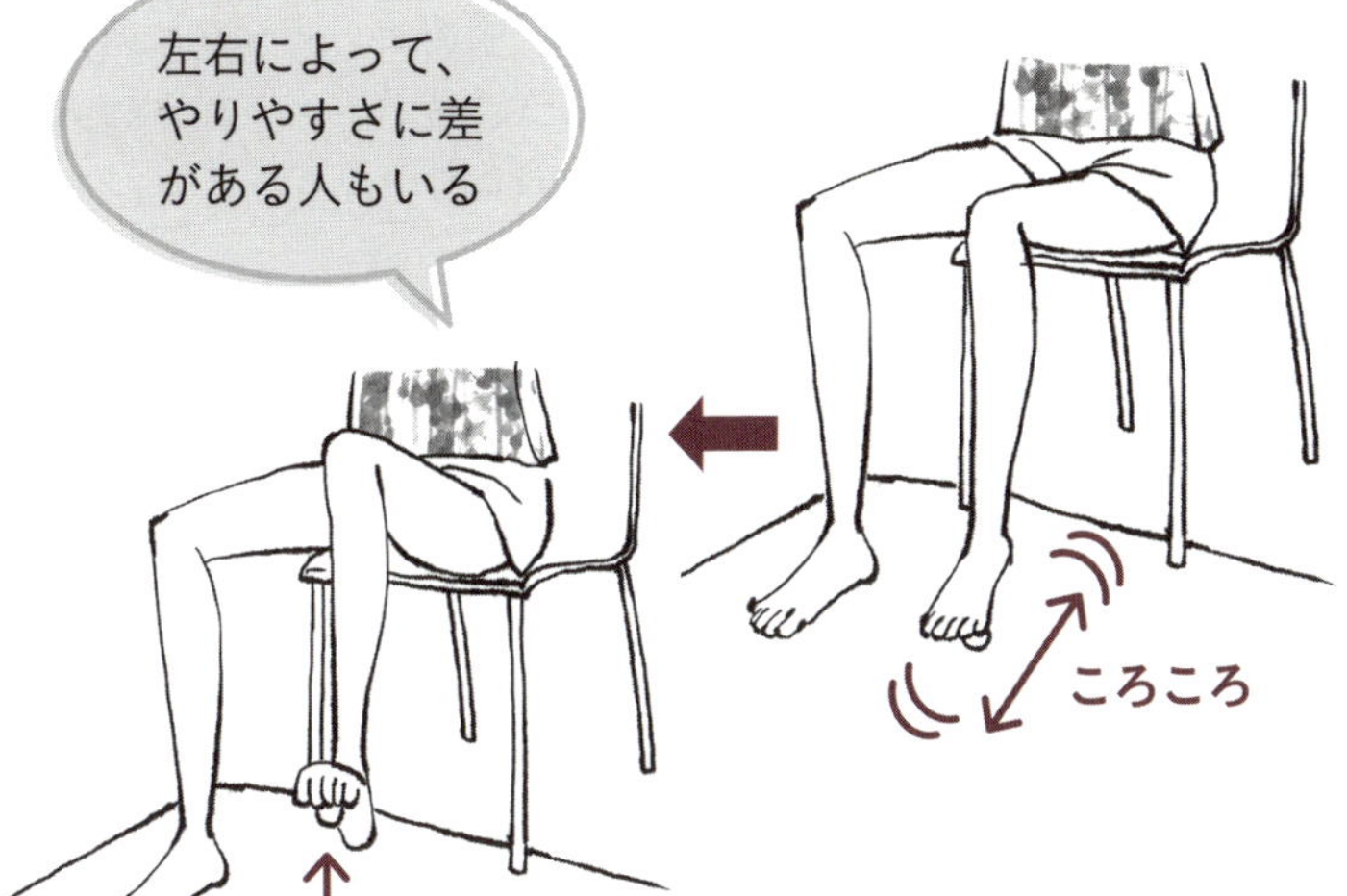
左右によって、やりやすさに差がある人もいる
ころころ
もちあげ

POINT

- ゴルフボールがなければ、ハンカチやタオル（たぐり寄せられるもの、摩擦があるもの）をつかむ方法でも同じ効果があります。
- 足の左右によって差がある場合、やりにくいほうの足を多めにおこなうと、左右の筋肉が均等になります。

老廃物を
デトックス

イタ気持ちいい！がクセになる
足裏マッサージ

効果
・血行がよくなり、むくみや肌荒れが改善される。
・老廃物や尿の排泄をうながす。

1 足裏のデトックスラインを押す。

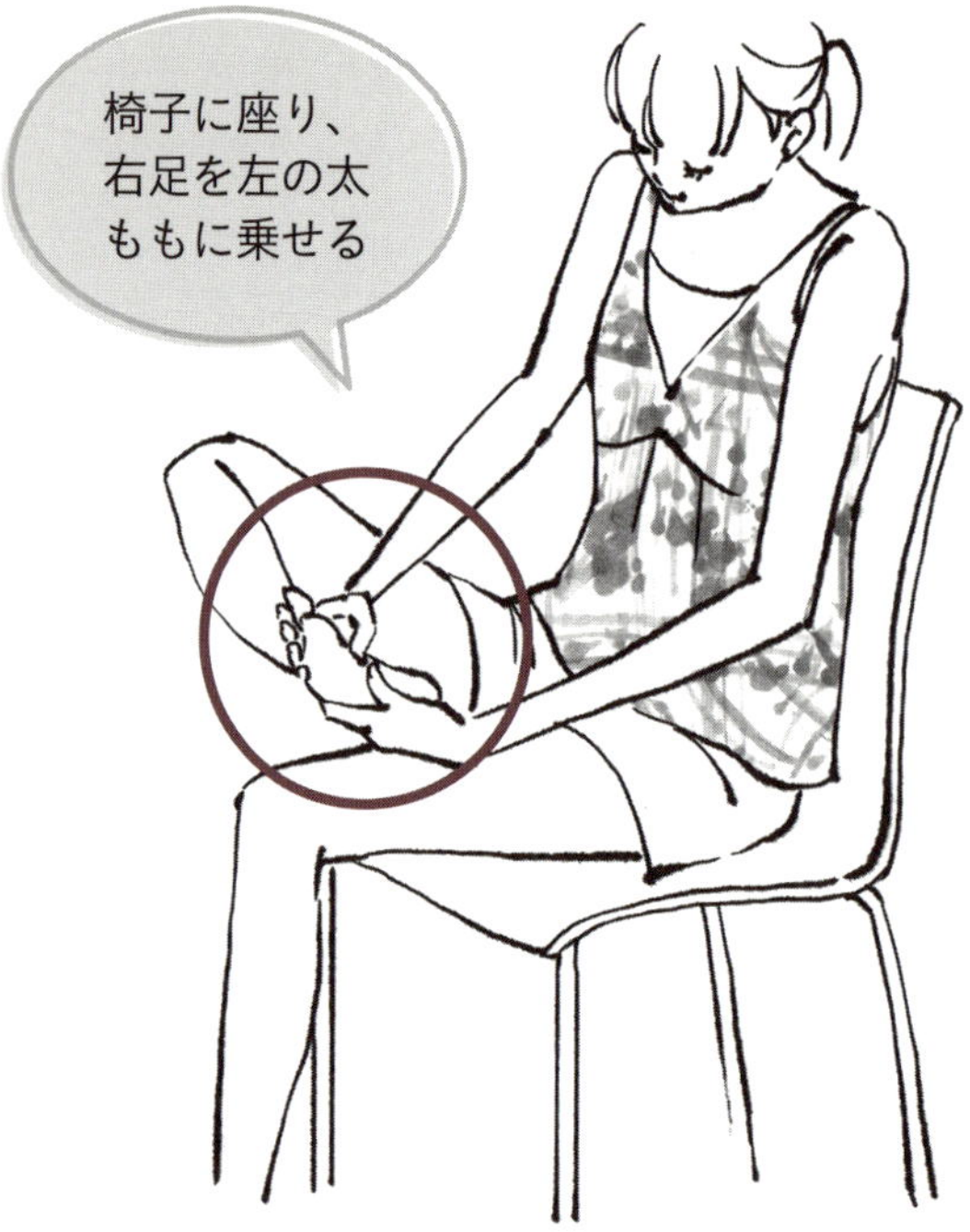
椅子に座り、右足を左の太ももに乗せる

親指の腹の部分でプッシュ。「イタ気持ちいい」くらいの強さで
あまりにも痛すぎてしまうと、力が入り、筋肉が緊張して固まってしまう

2 左足も同様におこなう。

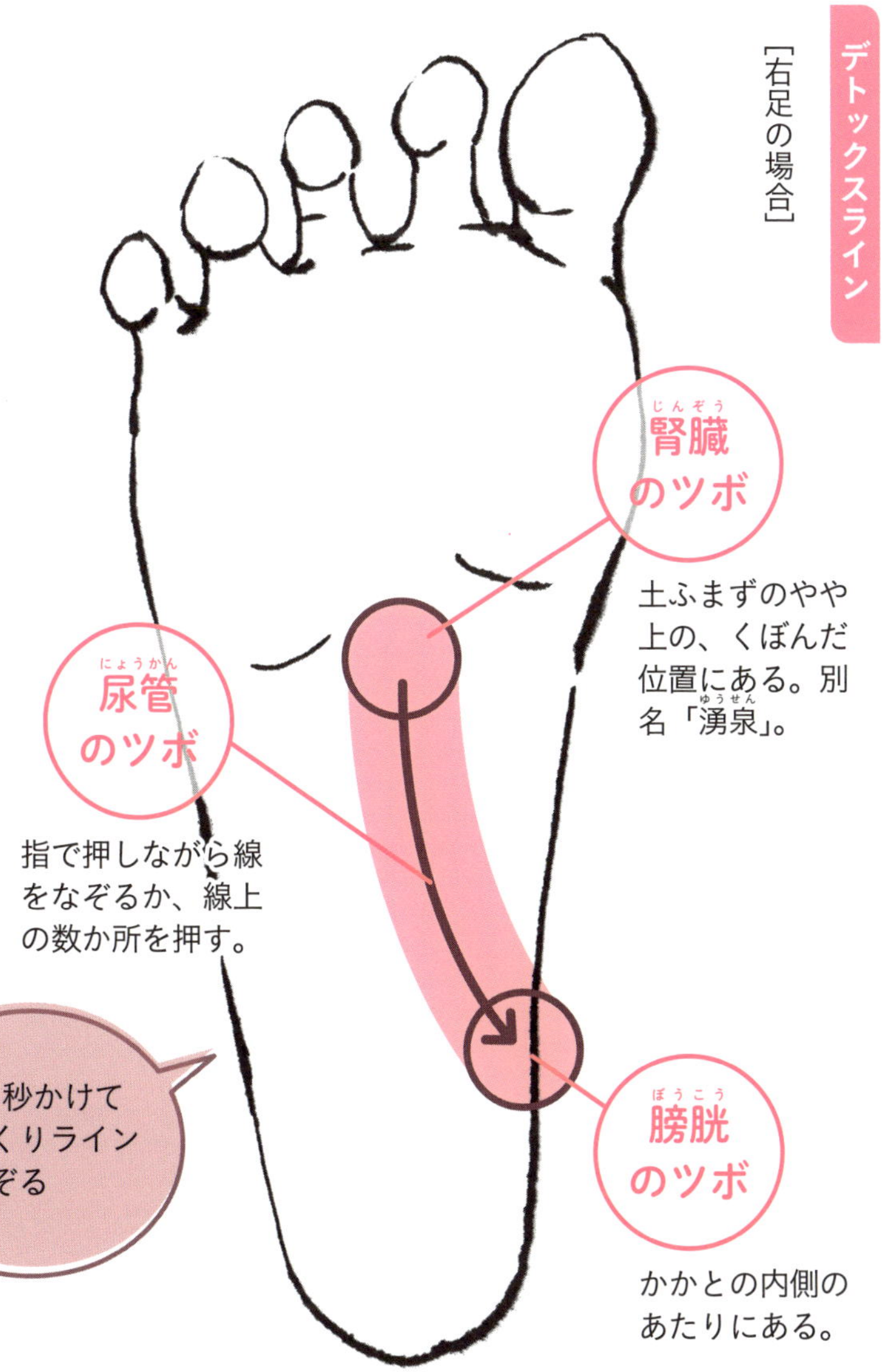

POINT

- 手でデトックスラインを押すほか、ゴルフボールで刺激したり、青竹を踏んだりしても、同様の効果があります。
- 足裏は健康のバロメーター。かかとには婦人科系のツボがあります。かさついている人は、かかとも一緒にもんであげましょう。

アキレスけんのくびれ美人に

眠っている足首をやさしく起こす

足首ストレッチ

効果
・足首の関節とアキレスけんをほぐす。
・足首のウォーミングアップに。

1 アキレスけんをもむ。

椅子に座り、右足を左ひざの上に乗せる
もみもみ
左手で右足のアキレスけんをつまんで下から上にもむ

2 内くるぶしをもむ。

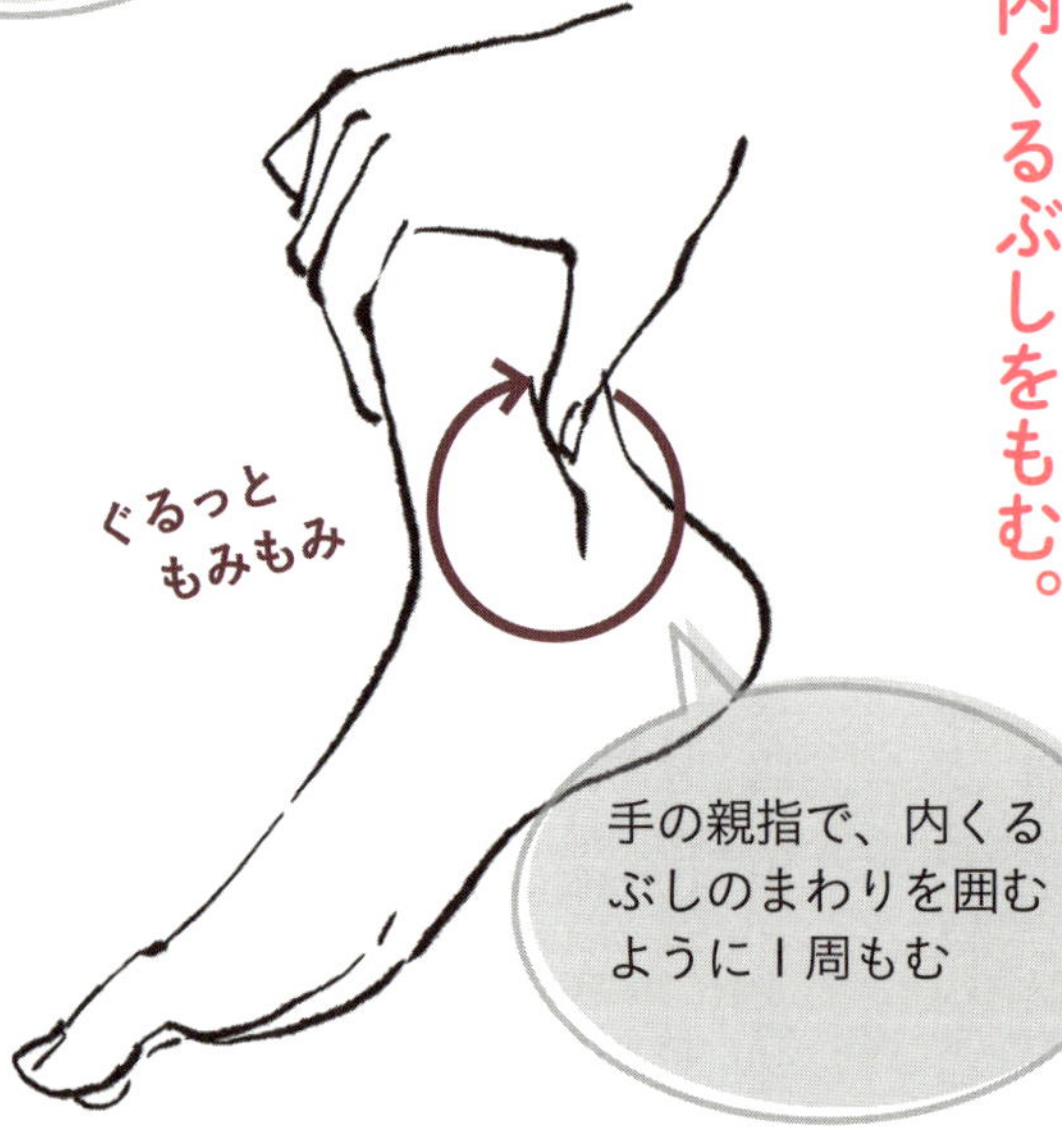
ぐるっともみもみ
手の親指で、内くるぶしのまわりを囲むように1周もむ

3 外くるぶしをもむ。

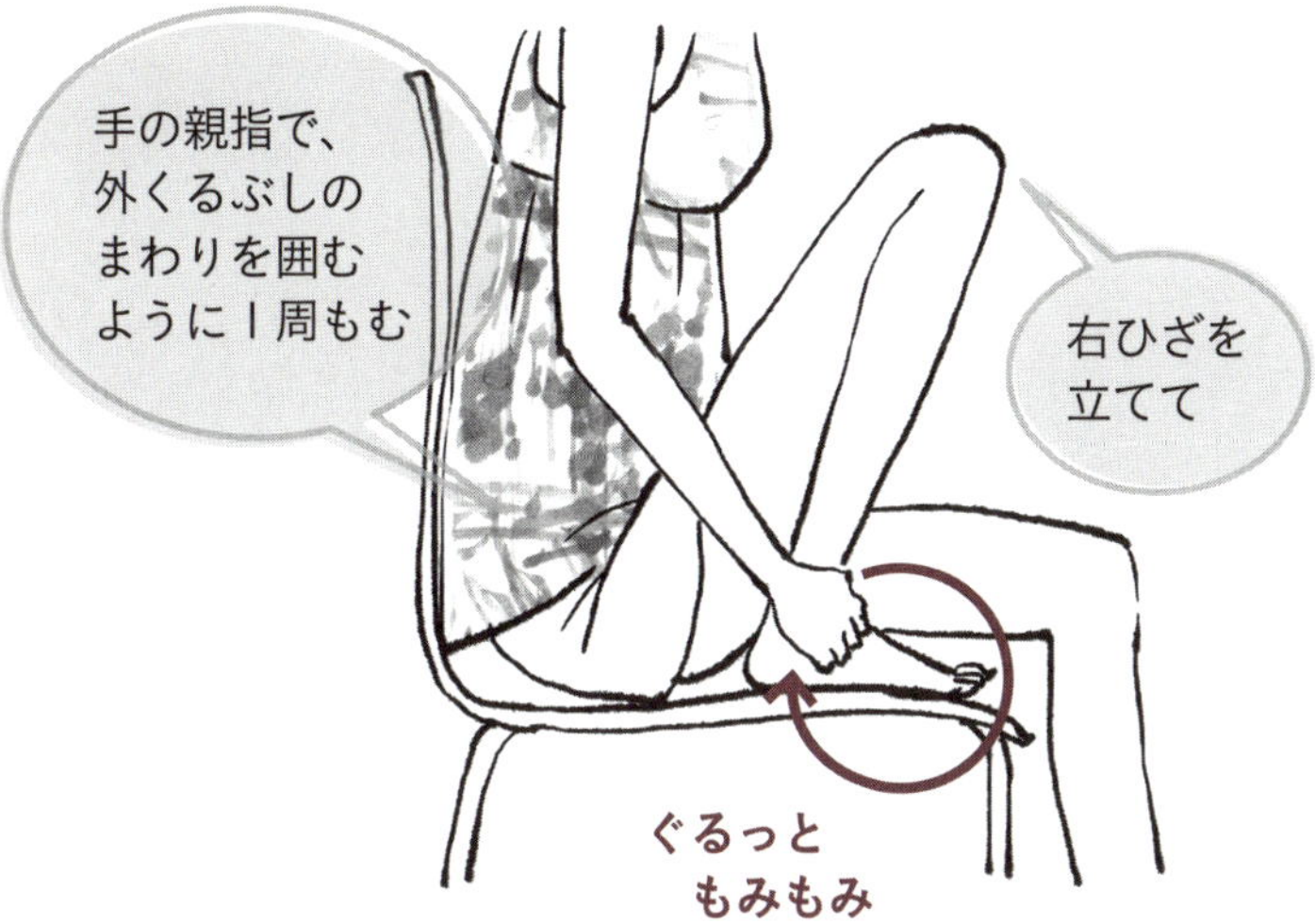
手の親指で、外くるぶしのまわりを囲むように1周もむ
右ひざを立てて
ぐるっともみもみ

4 足首をぐるぐる回す。

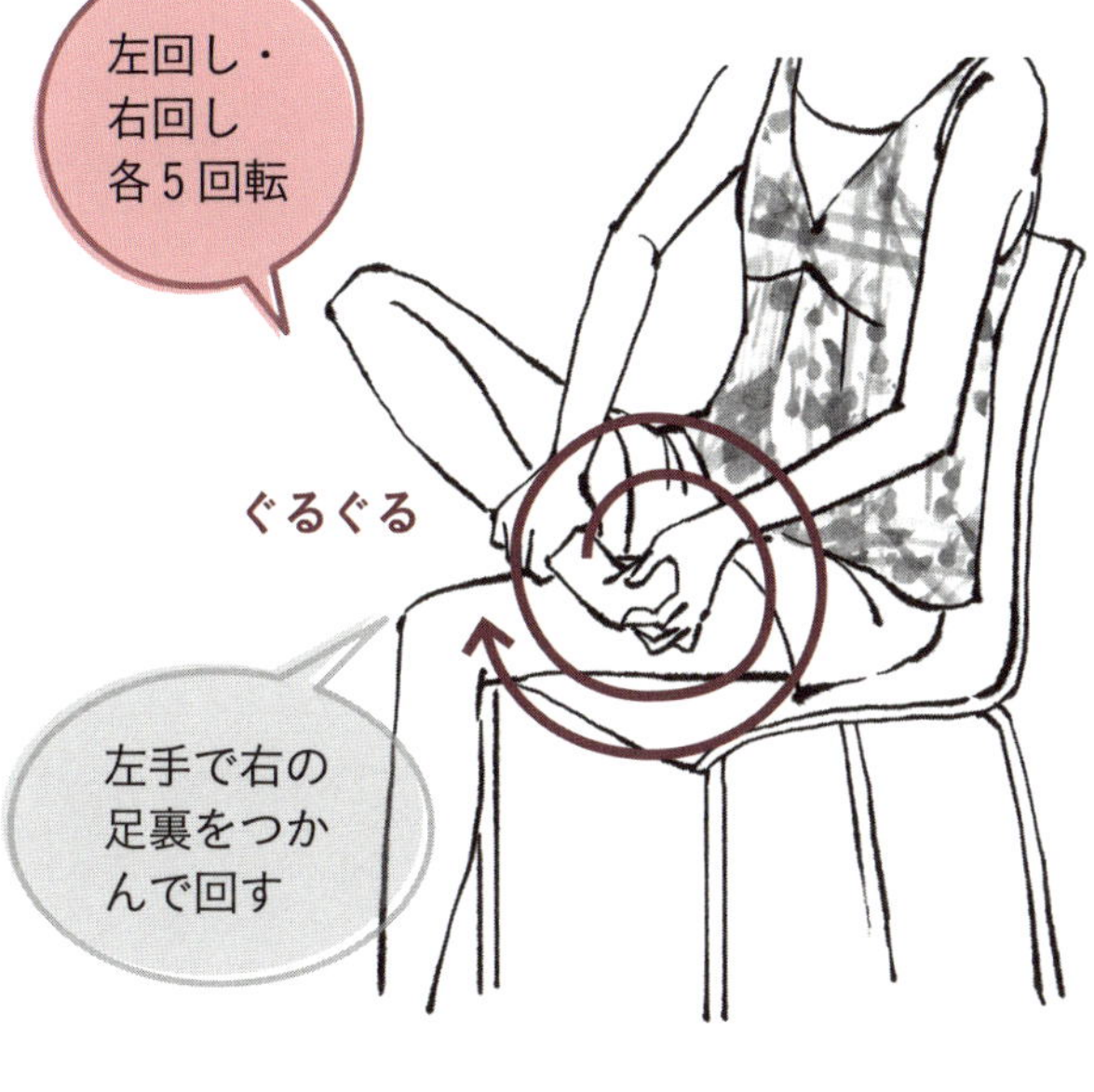
左回し・右回し各5回転
ぐるぐる
左手で右の足裏をつかんで回す

5 左足も同様におこなう。

POINT

- できれば毎日おこないたい動き。とくに1日中ヒールをはいた日は、この動きをおこなうと固まった足首がほぐれて疲れがとれます。
- 関節をちゃんと使えている人はアキレスけんがくびれています。出すべきところを出すと、もっと美しく見えますよ。

下から上へ
プッシュで流す

ツボ押しで内臓をほどよく刺激！
ふくらはぎマッサージ①

効果
・むくみをとって代謝をうながす。
・筋肉がついてメリハリのある脚になる。

1 ふくらはぎの後ろ側を下から上に押す。

床に座り、
ひざを立てて
おこなう

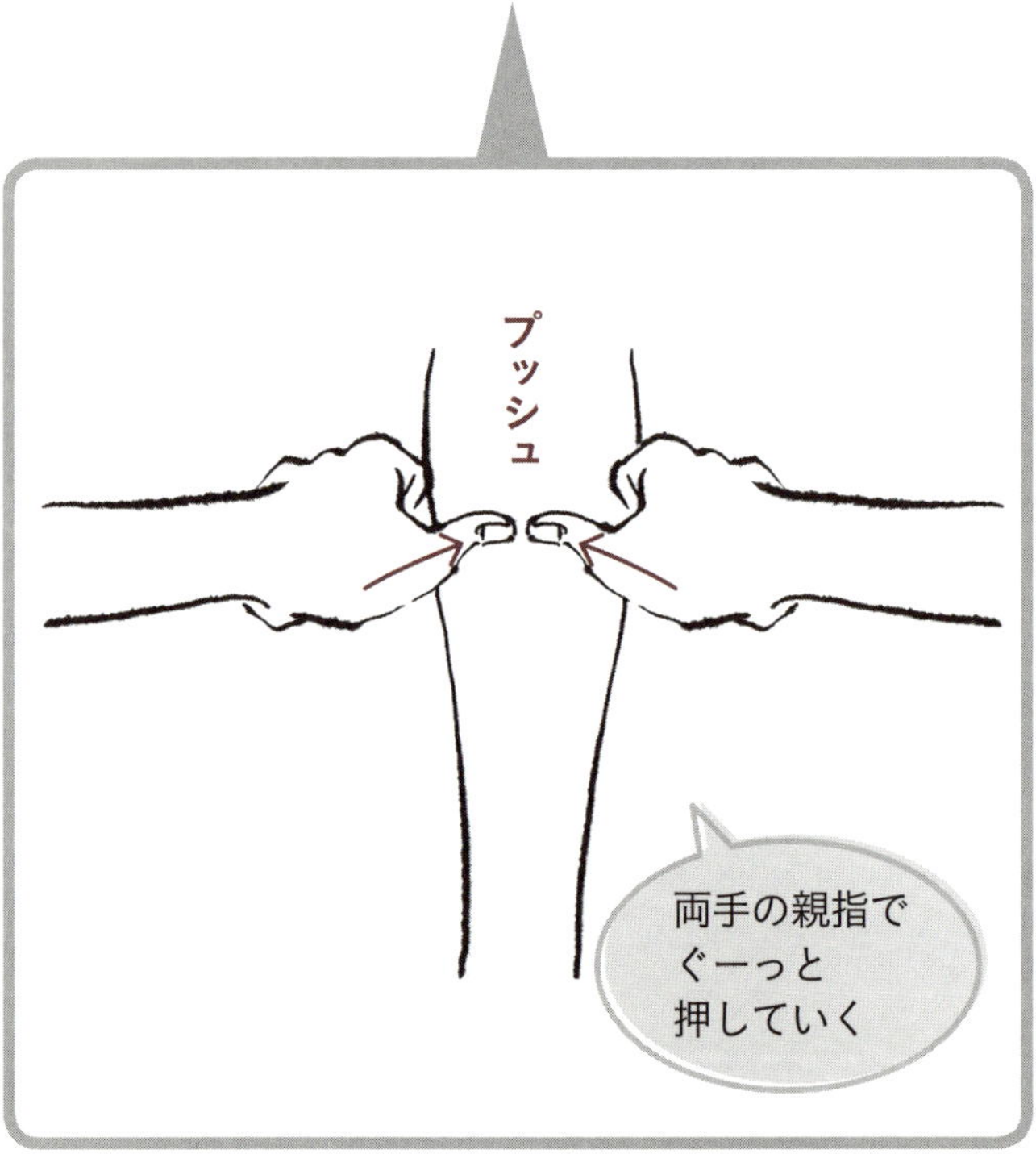
プッシュ
両手の親指で
ぐーっと
押していく

ふくらはぎの真後ろにあるツボ

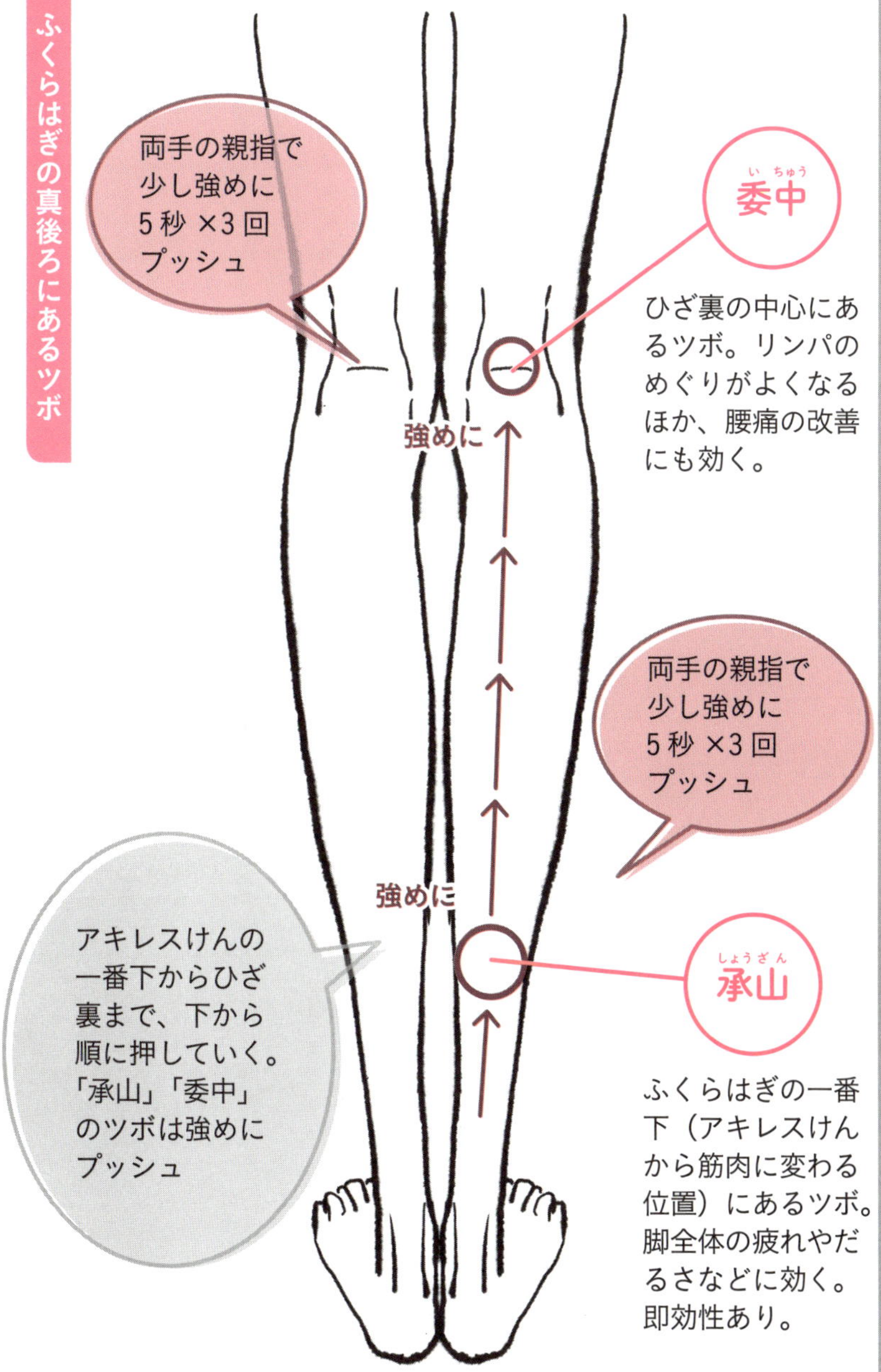

2 ふくらはぎの内側を下から上に押す。

ふくらはぎの内側にあるツボ

内くるぶしから指3～4本くらい上のところにあるツボ。婦人科系の不調や冷えなどに効く。押すと痛い人が多い。

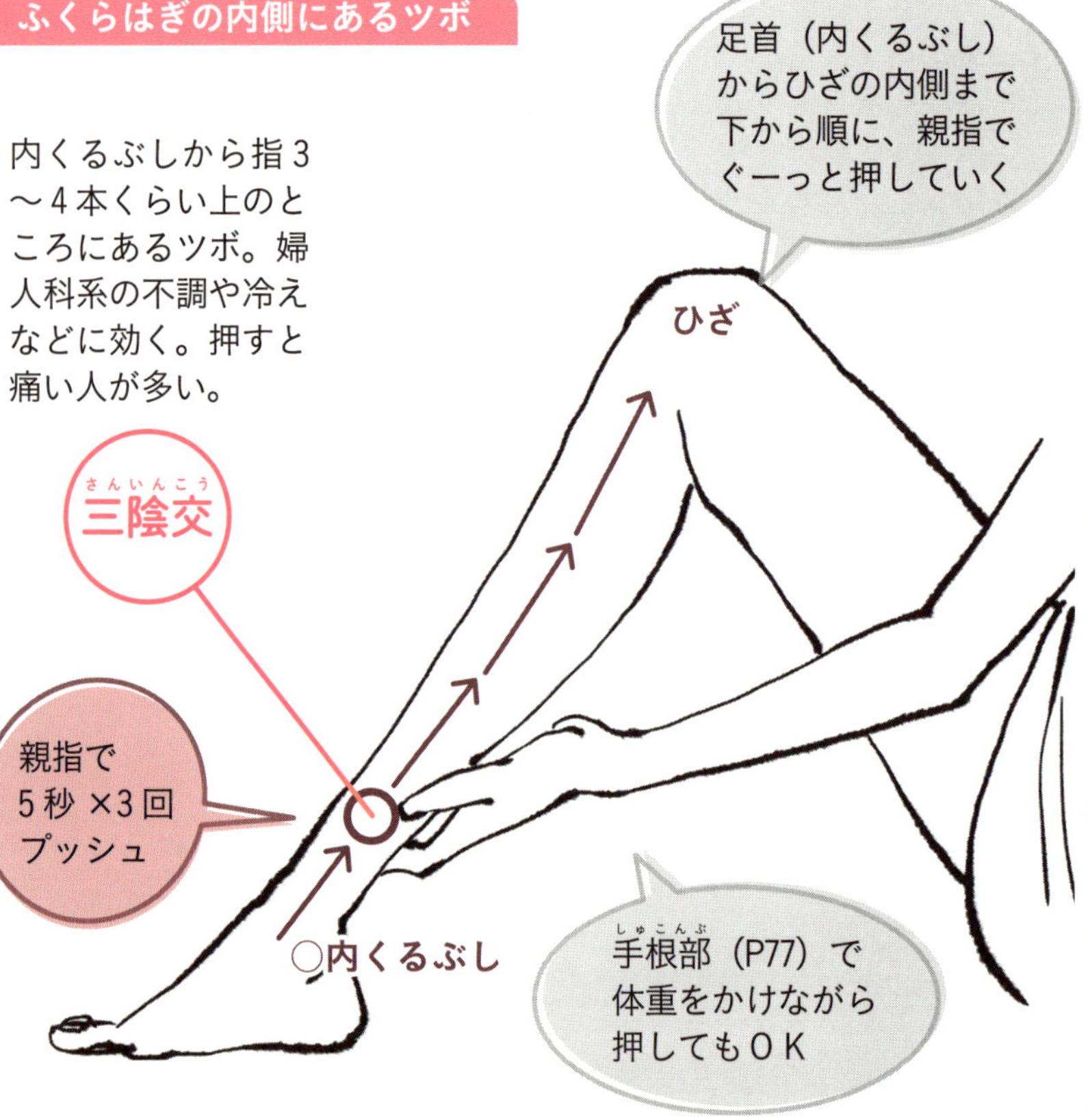

足首（内くるぶし）からひざの内側まで下から順に、親指でぐーっと押していく
ひざ
三陰交《さんいんこう》
親指で 5秒 ×3回 プッシュ
内くるぶし
手根部《しゅこんぶ》（P77）で体重をかけながら押してもＯＫ

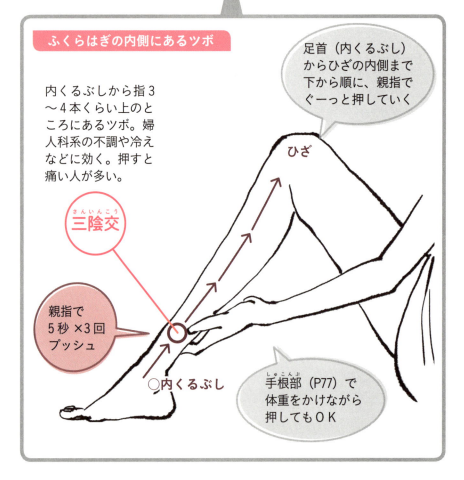

3 ふくらはぎの外側を下から上に押す。

足首（外くるぶし）からひざの外側まで下から順に、親指でぐーっと押していく。

ふくらはぎの外側にあるツボ

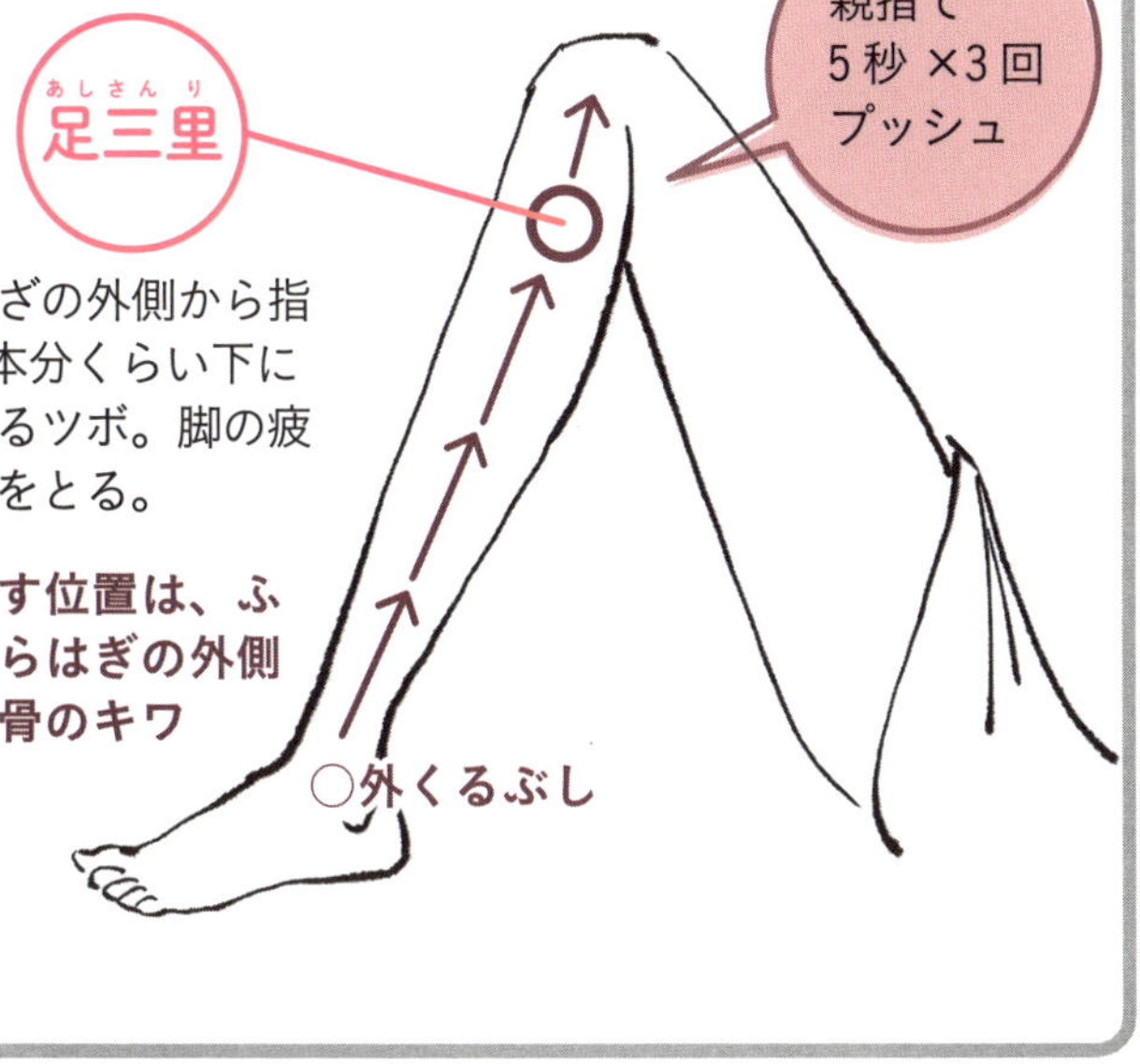
足《あし》三《さん》里《り》
親指で
5秒 ×3回
プッシュ
○外くるぶし

ひざの外側から指4本分くらい下にあるツボ。脚の疲れをとる。

押す位置は、ふくらはぎの外側の骨のキワ

4 左右の脚を同様におこなう。

POINT

- 老廃物はつま先のほうにたまります。下から順番に押していくことで、ひざ下の筋肉を刺激し、老廃物が上に流れていきます。
- 押す順番は、下から上へ。でもあまり神経質に順番を守らなくてもOK。各ツボをしっかり押すことのほうが大事です。

毎日寝る前におすすめ

むくみをとことん解消！ ふくらはぎマッサージ②

効果

・足首の関節のコリをほぐす。
・むくみや脚のだるさを解消する。

1 あおむけに寝て、片脚をひざに乗せる。

右脚のひざをできるだけ深く曲げる
左脚を右ひざに乗せる
腕はからだの横に

2 ひざを振り、ふくらはぎをぶつける。

左脚のひざを振って、ふくらはぎを右ひざにぶつける

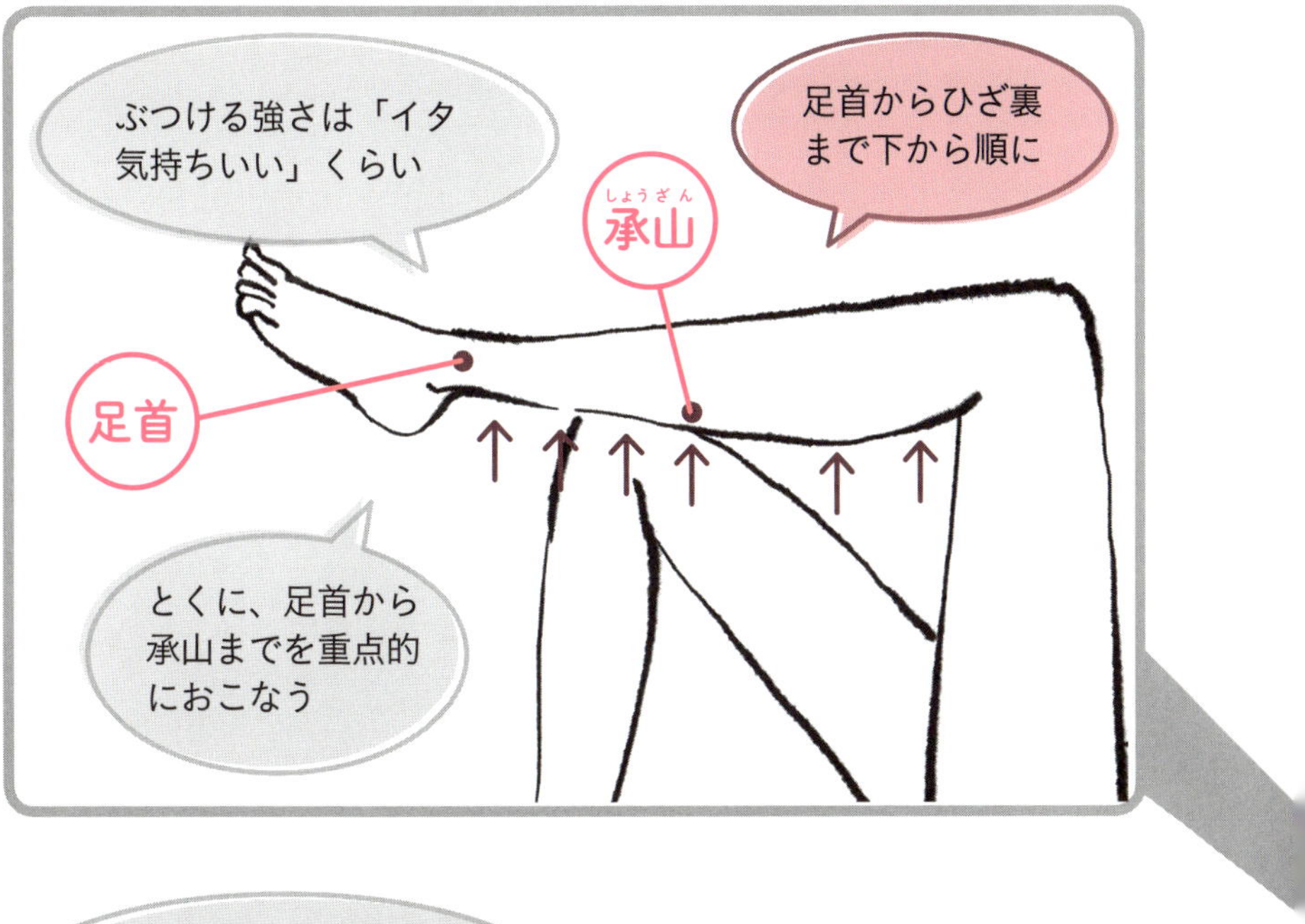

3 右脚も同様におこなう。

POINT

- 今日は朝から夜まで歩き回ったな～という日や、新しい靴をはいた日は、筋肉がこわばっています。そんな日はとくに試してみて。
- 私も毎日寝る前に必ずやっています。立ち仕事の人や、外で歩くことの多い仕事の人には、とくにおすすめですね。

ひざ下を長く見せる

ぷよんぷよんの肉が消える！
ひざストレッチ

1 両脚を伸ばす。

床に腰を下ろし、両脚を伸ばす

このとき、つま先やかかとがひらいてしまう人も多いが、しっかり閉じる

両足首は、手前にぐっと曲げる

手は後ろについて、上半身を支える

2 右ひざを曲げる。

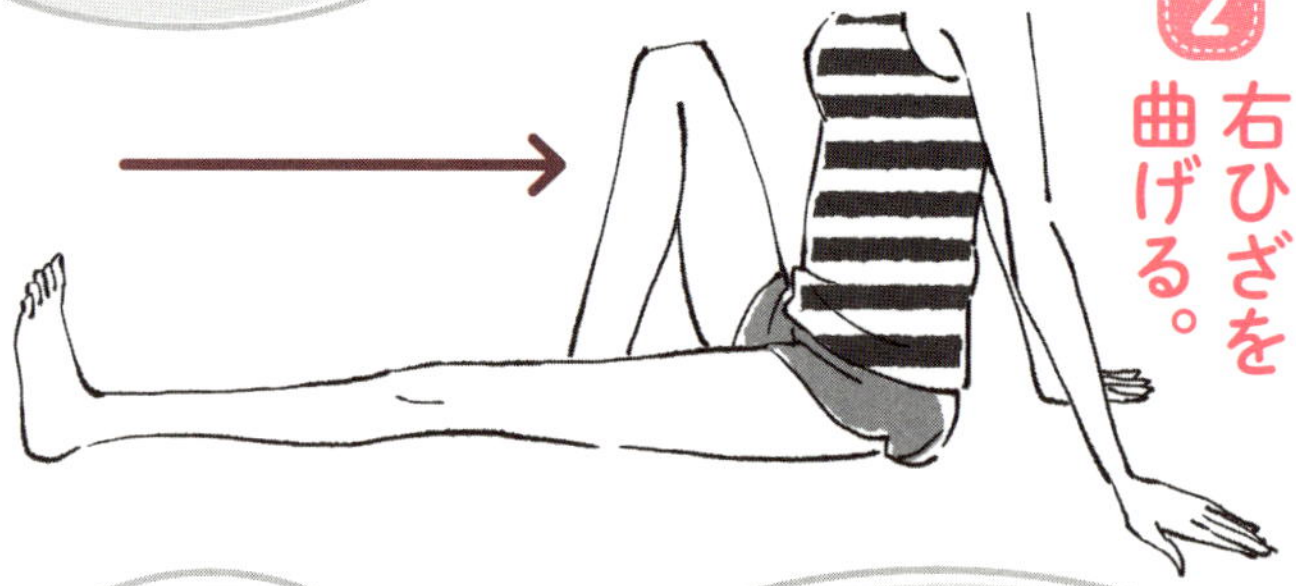

3 右脚を伸ばす。

かかとが浮いてしまう人もいるが、足の力を抜き、かかとを床に擦るようなイメージでバシッと伸ばす

右足のかかとを床につけたまま、まっすぐ前に伸ばす。脚の裏側を床にたたきつけるようなイメージで勢いよく

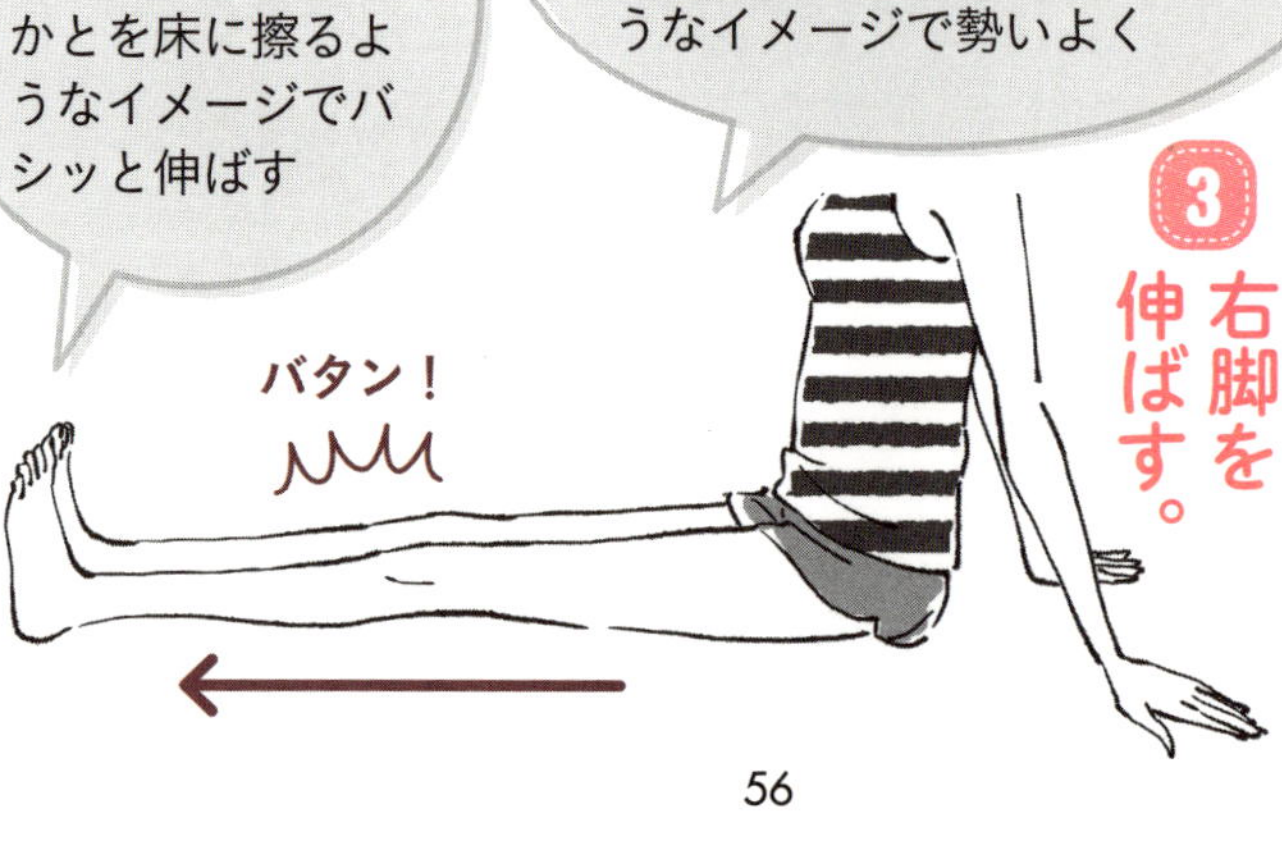

効果
・ひざの曲がりを伸ばす。
・ひざまわりのぜい肉をとる。

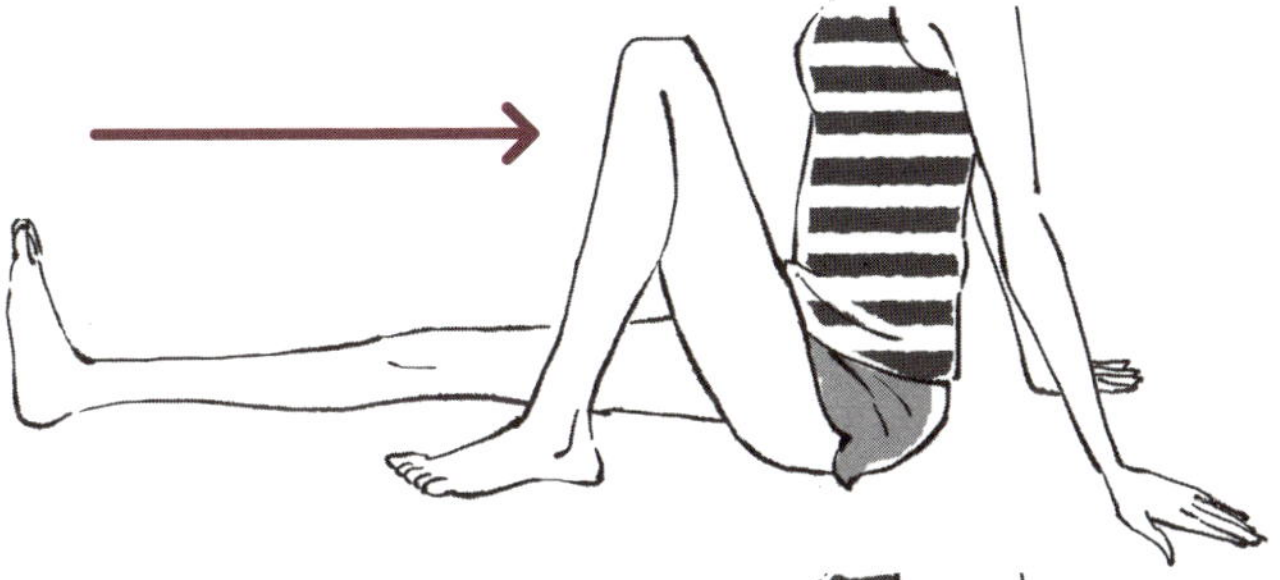

4 左ひざを曲げる。

バタン！

5 左脚を伸ばす。

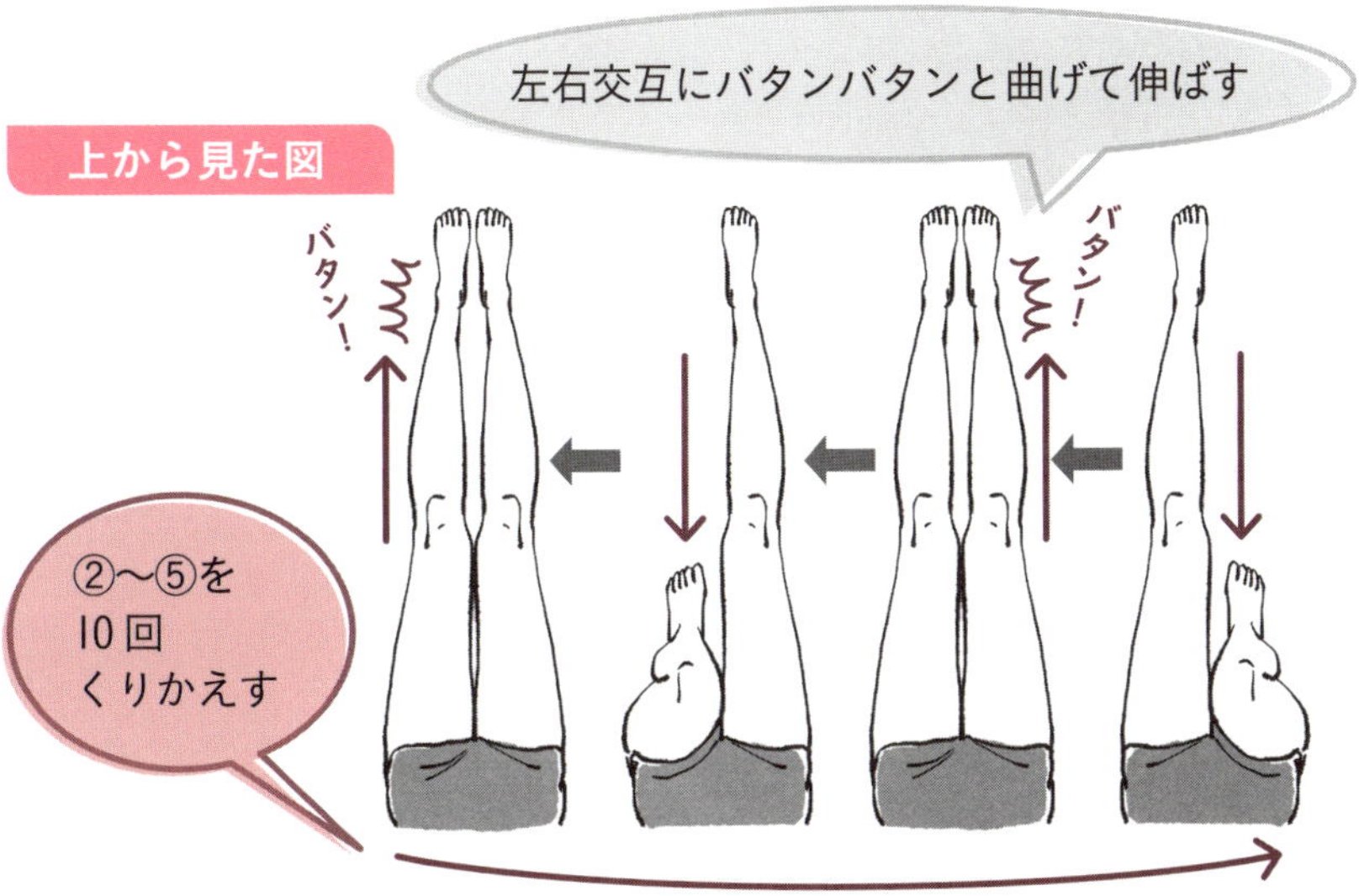
左右交互にバタンバタンと曲げて伸ばす
上から見た図
バタン！
バタン！
②〜⑤を
10回
くりかえす

POINT

- ひざまわりのぜい肉がとれると、ひざ下が長く見えます。ひざが曲がっていると関節痛の原因にもなりますので要注意です。
- このエクササイズは、床に脚を打ちつけるときに、バタバタと大きな音がします。場所と時間を考えておこないましょう。

もものたるみ
スッキリ

弱った足腰を鍛えて若さをキープ
太ももエクサ

効果

・内転筋（太ももの内側の筋肉）を鍛える。
・ウエスト〜太もものラインが美しく整う。

1 横向きに寝る。

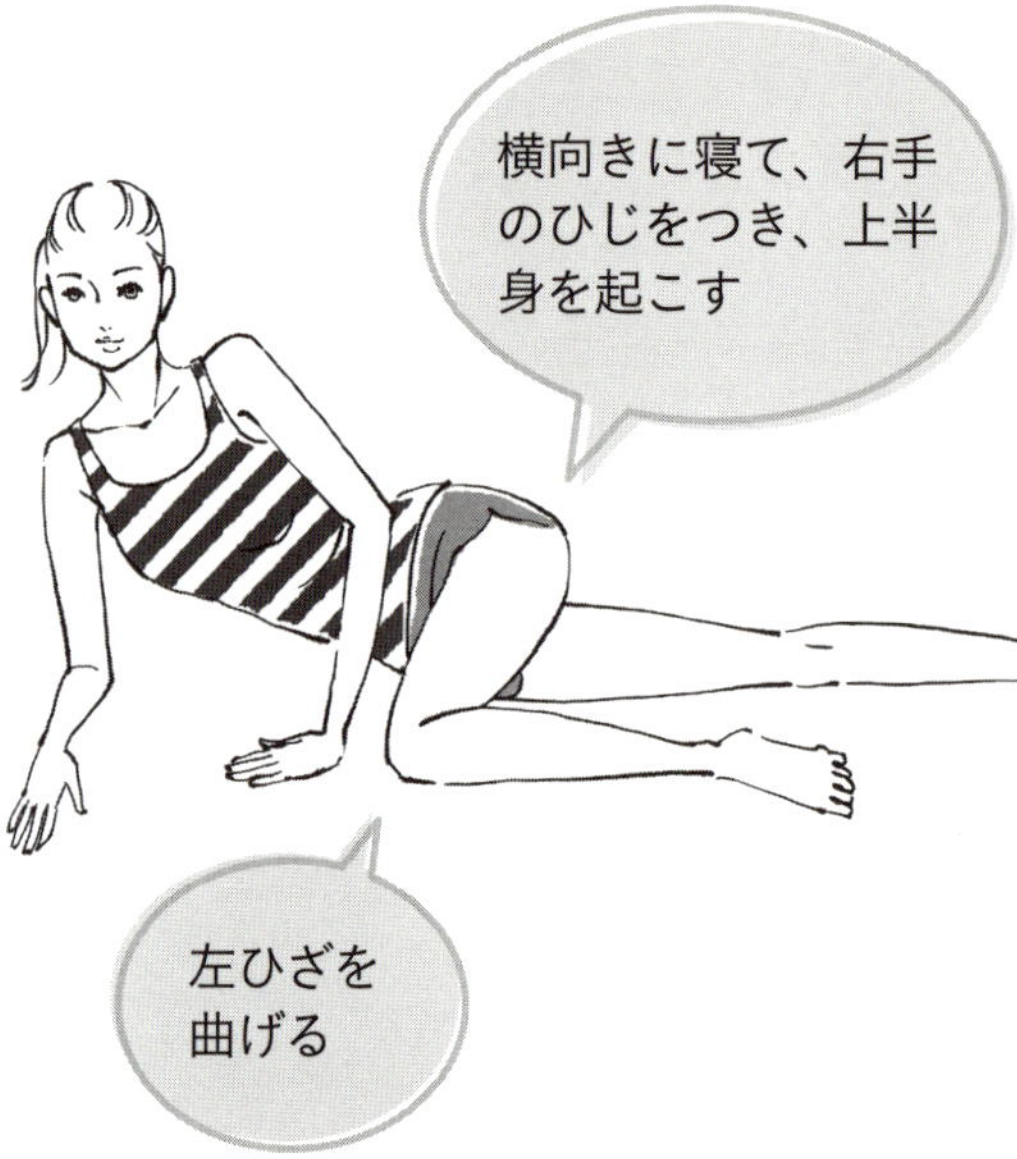
横向きに寝て、右手のひじをつき、上半身を起こす
左ひざを曲げる

2 右脚を振り上げる。

右脚をまっすぐ伸ばしたまま、なるべく高く上げて５秒キープする

これを５回くりかえす

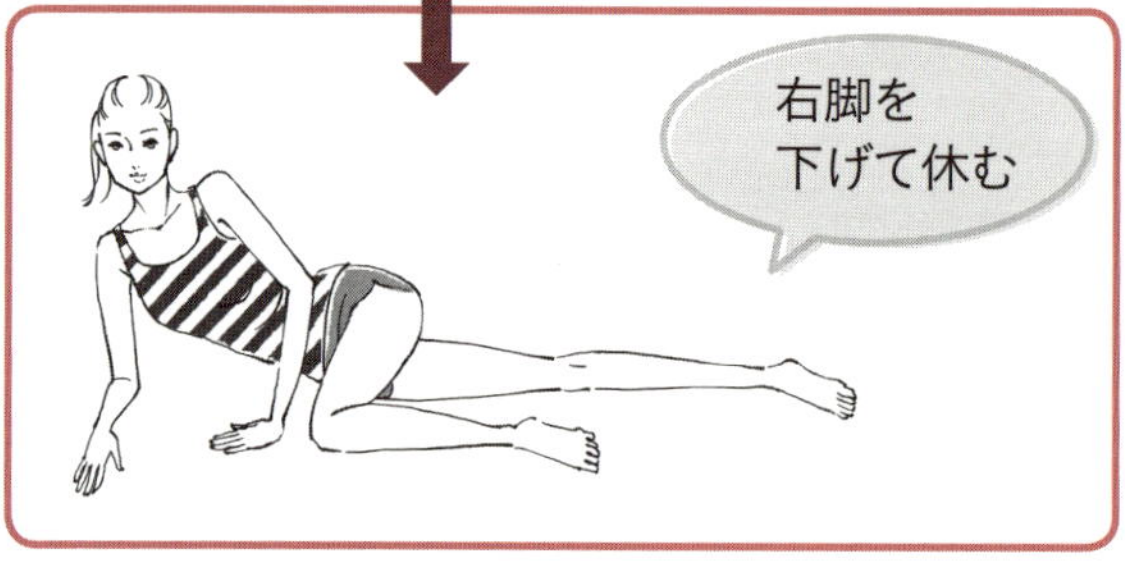
右脚を下げて休む

3 右脚も同様におこなう。

からだの向きを変えて横になり
左手のひじをついて上半身を起こす
右ひざを曲げる

左脚をまっすぐ伸ばしたまま、なるべく高く上げて5秒キープする

これを5回くりかえす

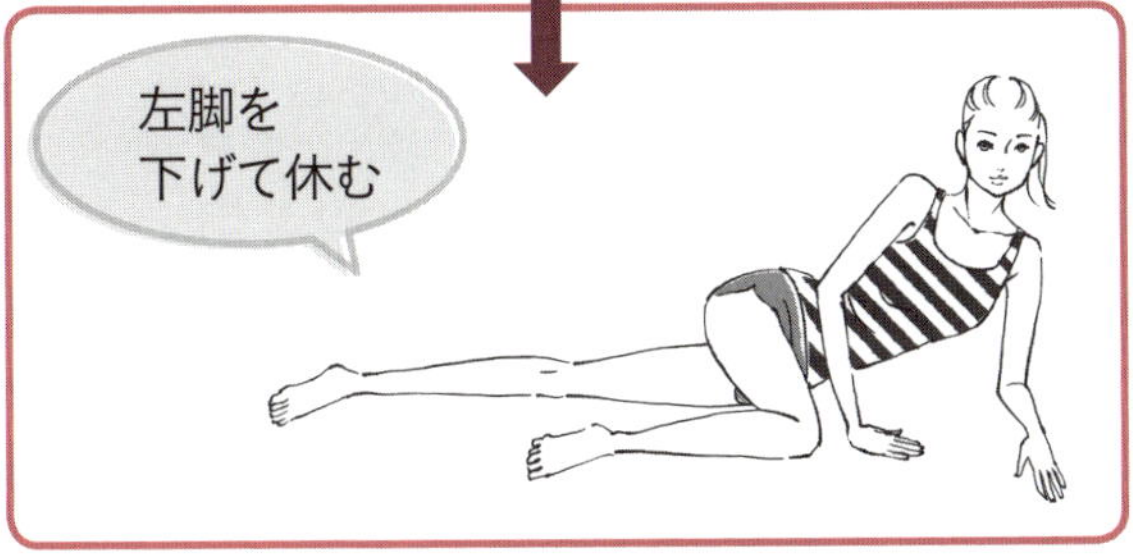
左脚を下げて休む

POINT

- 太ももの内側がたるんでいることを気にしている方が多いです。このエクササイズを続けると、内ももがスッキリ引き締まります。
- 内ももが衰えると、疲れやすくもなります。足腰が弱ると実年齢より老けて見えるので、若さを保つためにも鍛えたい筋肉です。

ゆがみとり&シェイプ

股関節ストレッチ

ひざをぐるぐる回して

1 横向きに寝る。

横向きに寝て、左手のひじをつき、上半身を起こす

右ひざを曲げる

2 右ひざを回す。

まずは小さい円を描き、だんだん大きく回転させる。５周ほど回す

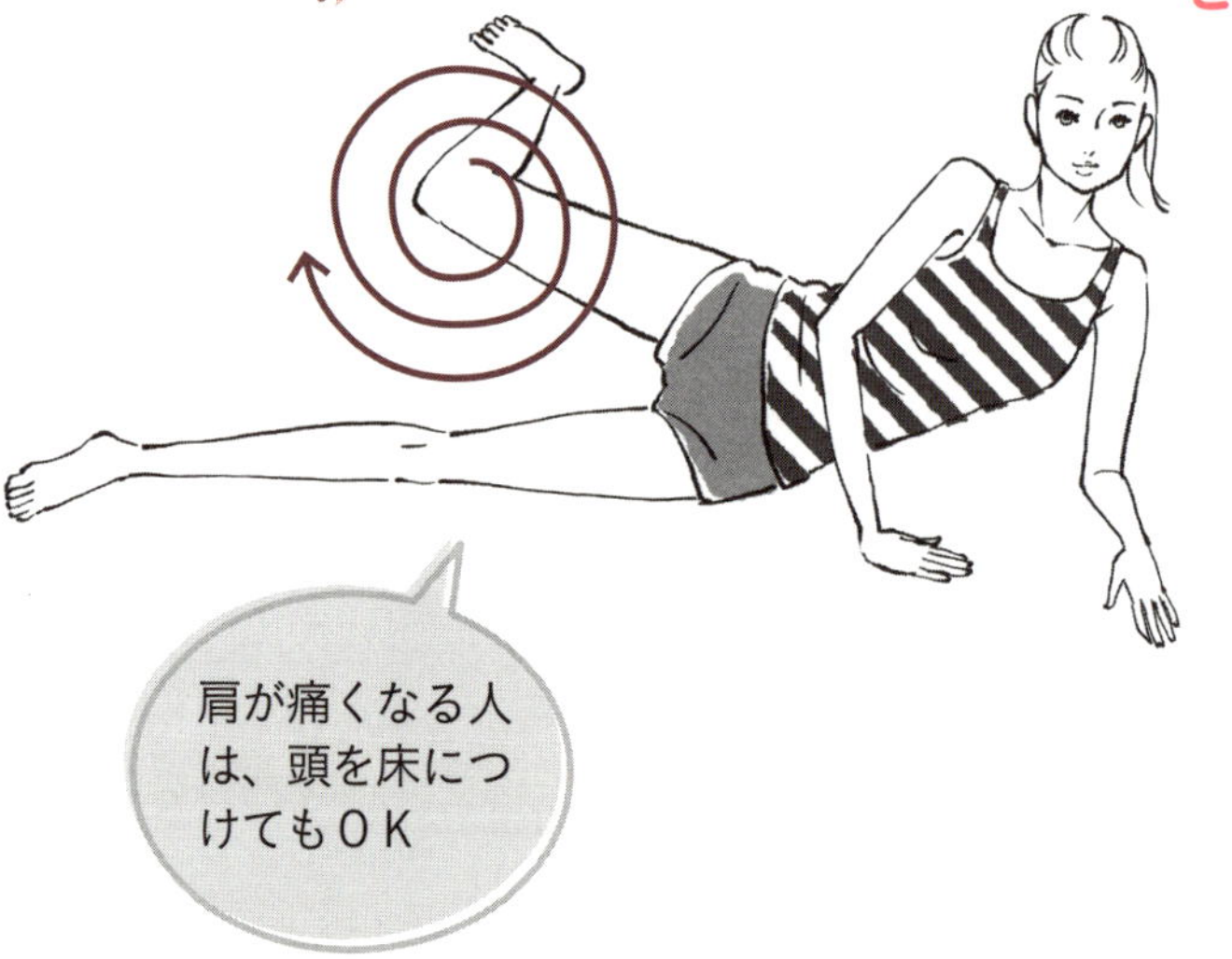

肩が痛くなる人は、頭を床につけてもＯＫ

効果

・股関節をやわらかくする。
・落ちにくいおしりの横のぜい肉をとる。

3 からだの向きを変え、左脚も同様におこなう。

横向きに寝て、右手のひじをつき、上半身を起こす
左ひざを曲げて、まずは小さい円を描き、だんだん大きく回転させる。5周ほど回す

立っておこなうやり方

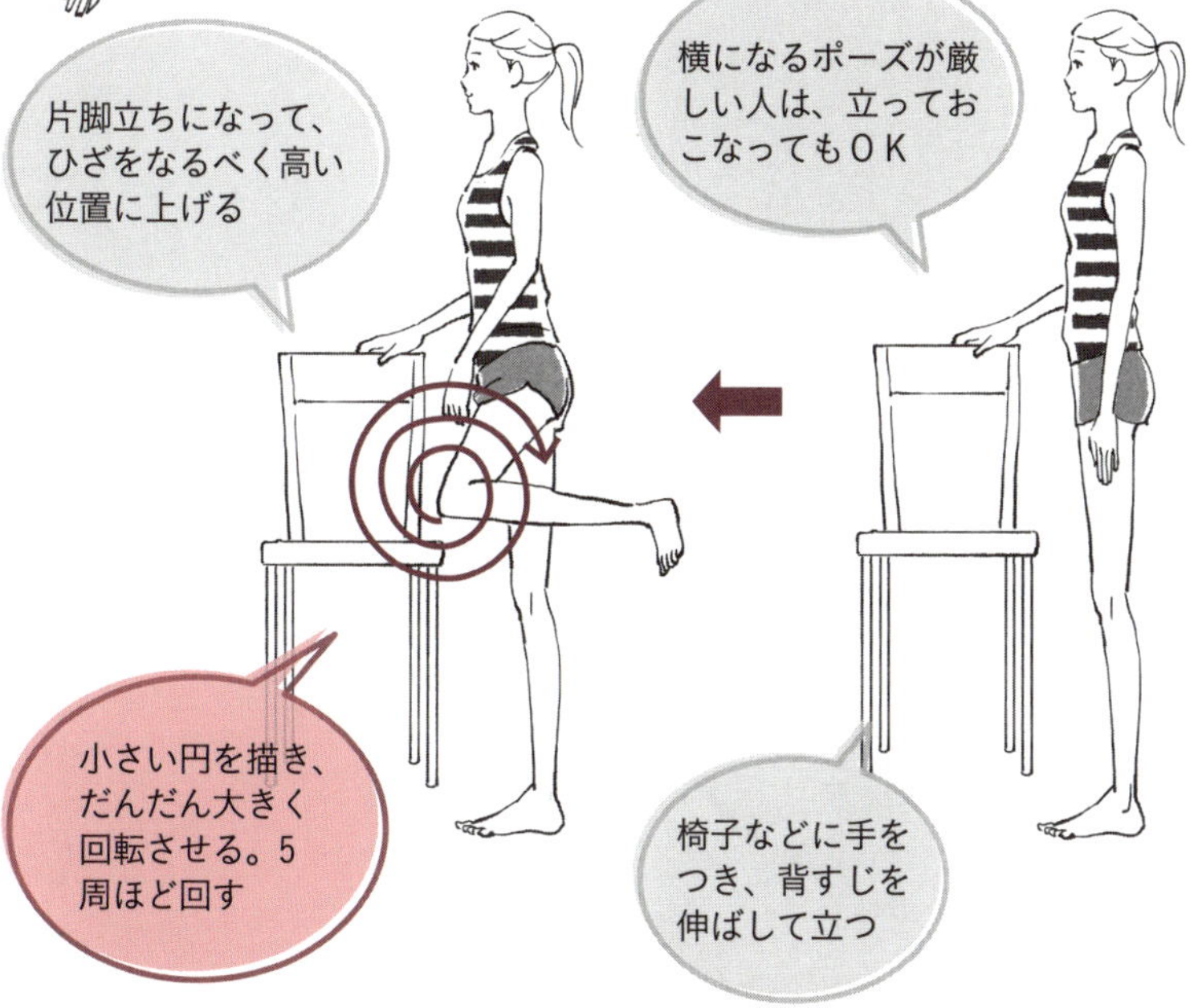
横になるポーズが厳しい人は、立っておこなってもＯＫ
椅子などに手をつき、背すじを伸ばして立つ
片脚立ちになって、ひざをなるべく高い位置に上げる
小さい円を描き、だんだん大きく回転させる。5周ほど回す

POINT

- 股関節や骨盤のゆがみで、左右の脚の長さが違ってくることがあります。このエクササイズを取り入れて上手にケアしましょう。
- 横になるポーズでおこなうと、おしりのほかに、わき腹もシェイプされます。ただし、腕の筋力が弱い人は立っておこなってもＯＫ。

もっと
ゆがみとり

ひらいて締める2ステップ
おしりストレッチ

効果
・股関節や骨盤のゆがみ、コリをほぐす。
・おしりを引き締める。

1 あおむけに寝て、右ひざを曲げる。

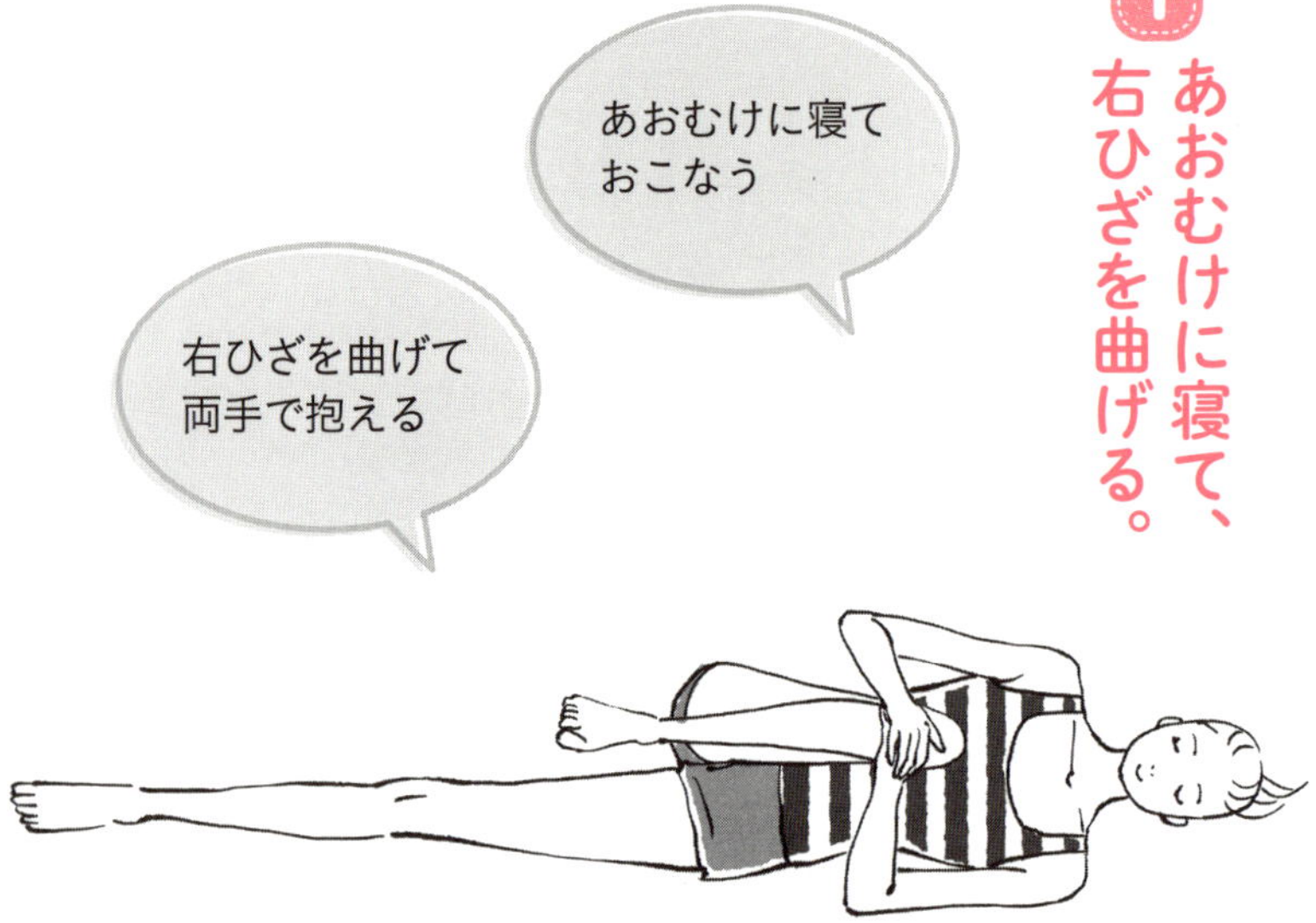

2 右ひざを左肩に引きよせる。

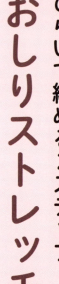

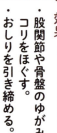

3 ななめに引きよせる。

右ひざを両手で抱えたまま、右肩の外に向けてぐーっと押しつける

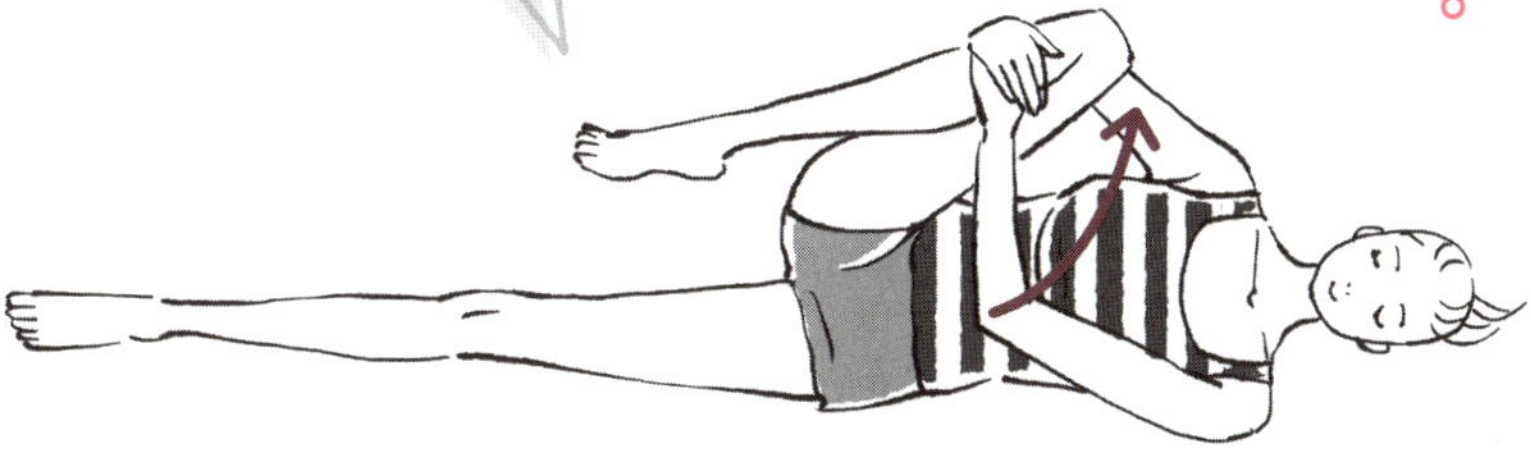

4 また左肩に引きよせる。

右ひざを両手で抱えたまま、左肩に向けてぐーっと押しつける

5 左脚も同様におこなう。

左右1セットずつ

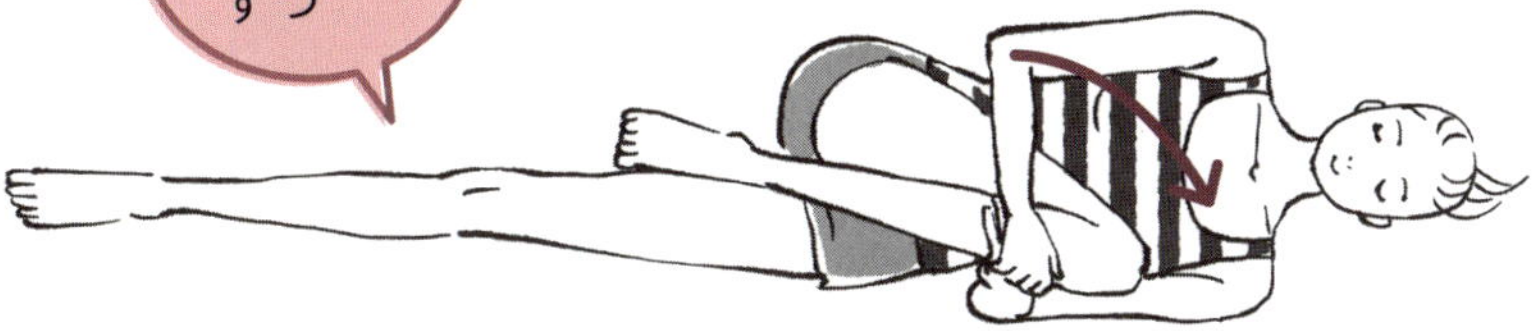

POINT

- きれいなおしりのつくり方は“ひらいて、締める”。まずは股関節や骨盤のゆがみ、コリをほぐす。その後、締める。「2段階」です。
- 信号待ちや電車のなかでもおしりをキュッ！　引き締める意識を持ちましょう。ちょっとしたことですが、効果が違ってきますよ。

もっともっと
ゆがみとり

ひらいて閉じてやわらかくする
骨盤ストレッチ

効果
・おしりの位置をアップする。
・骨盤をやわらかくする。

1 あおむけになり、ひざを立てる。

まずは、骨盤をやわらかくするポーズから

あおむけに寝て、両ひざを立てる

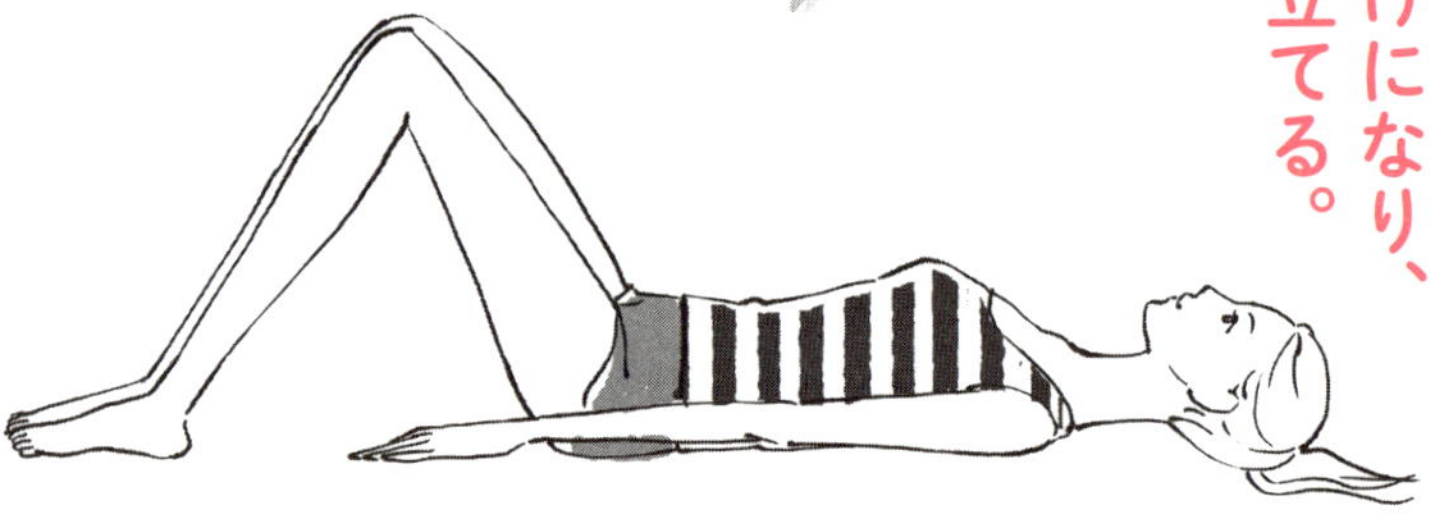

両ひざが離れないように、ぴったりそろえる

上から見ると…

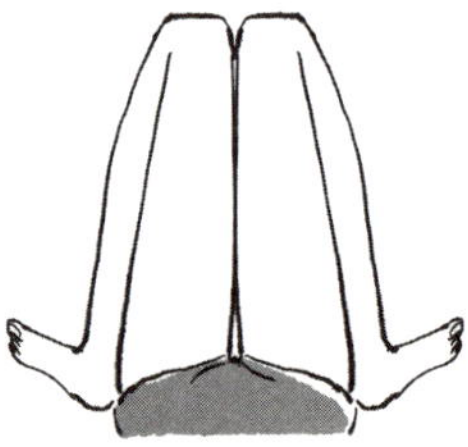

2 かかとをおしりに近づける。

両ひざをそろえたまま、ひざ下をひらいて

かかとをおしりに近づける

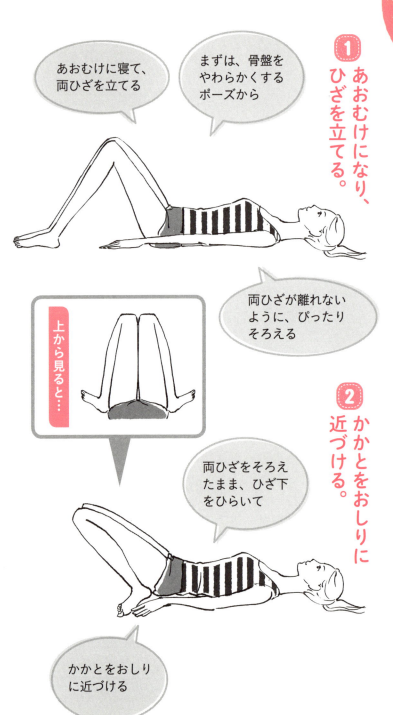

3 ひざを交互に、内側に倒す。

交互に 10 回ずつ

かかとがおしりに近いほうがやりやすい

※①〜③の動きで、骨盤が動く

←次ページへ続く

❹ 腰を上げる。

次に、骨盤を
閉じるポーズ

両ひざをそろえて
股を閉じ、腰をゆ
っくり持ち上げて
5秒キープ

❺ 腰をストンと落とす。

仙骨《せんこつ》（腰とおしりの
中間あたり）を床に
ぶつけるようなイメ
ージで落とす

勢いよく落とす
ほうがおしりが
締まる

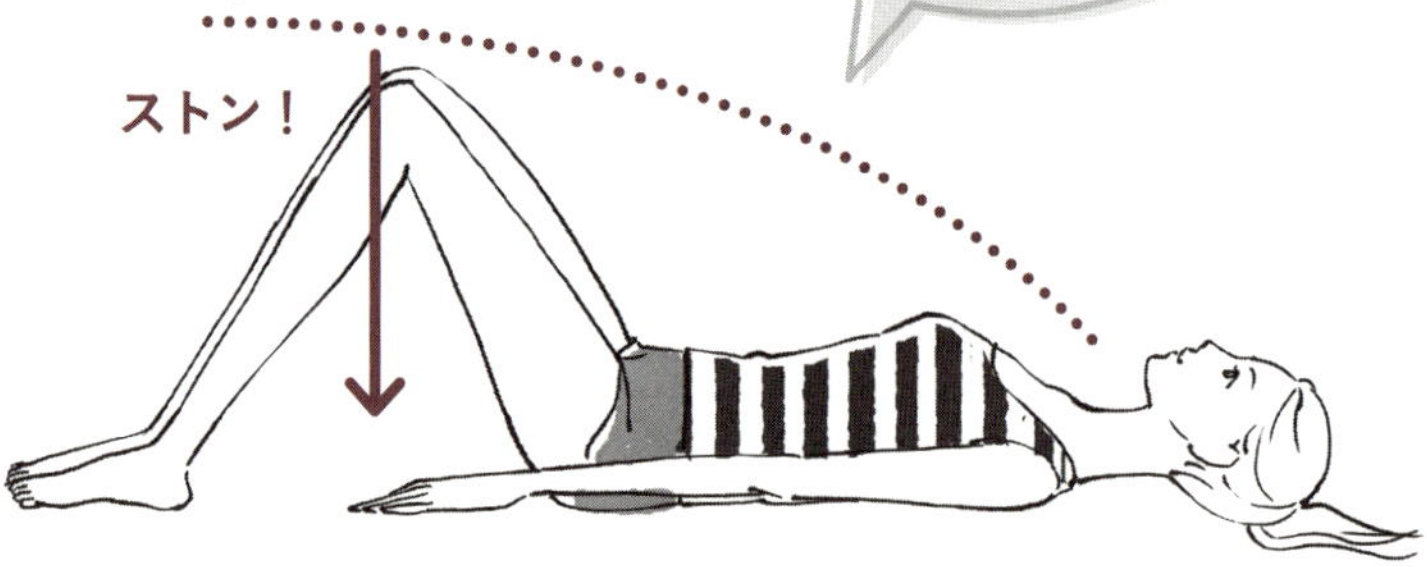

※④〜⑤の動きで、骨盤が閉まる

POINT

- からだが左右どちらかに傾いてバランスが悪い人、ポッコリと下腹が出ている人は、骨盤のずれが原因です。
- ふつうに生活していても骨盤のゆがみは出やすいものです。正常な位置に戻そう、といつも心がけておけば、ゆがみの悪化を防げます。

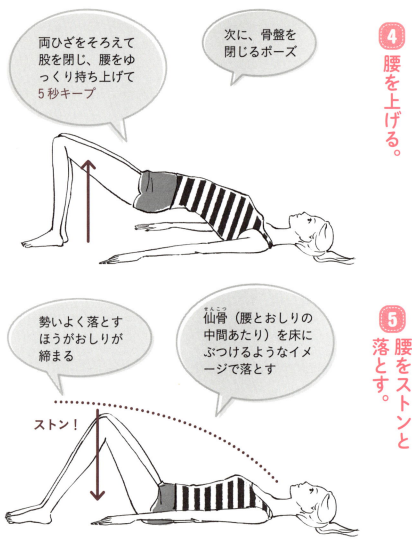

4章

座り方、立ち方、歩き方…

姿勢を意識して もっとキレイに

基本の座り方

座るときの姿勢、ゆがんでいませんか？

〜椅子に座るとき〜
背すじを伸ばし、浅く腰かける

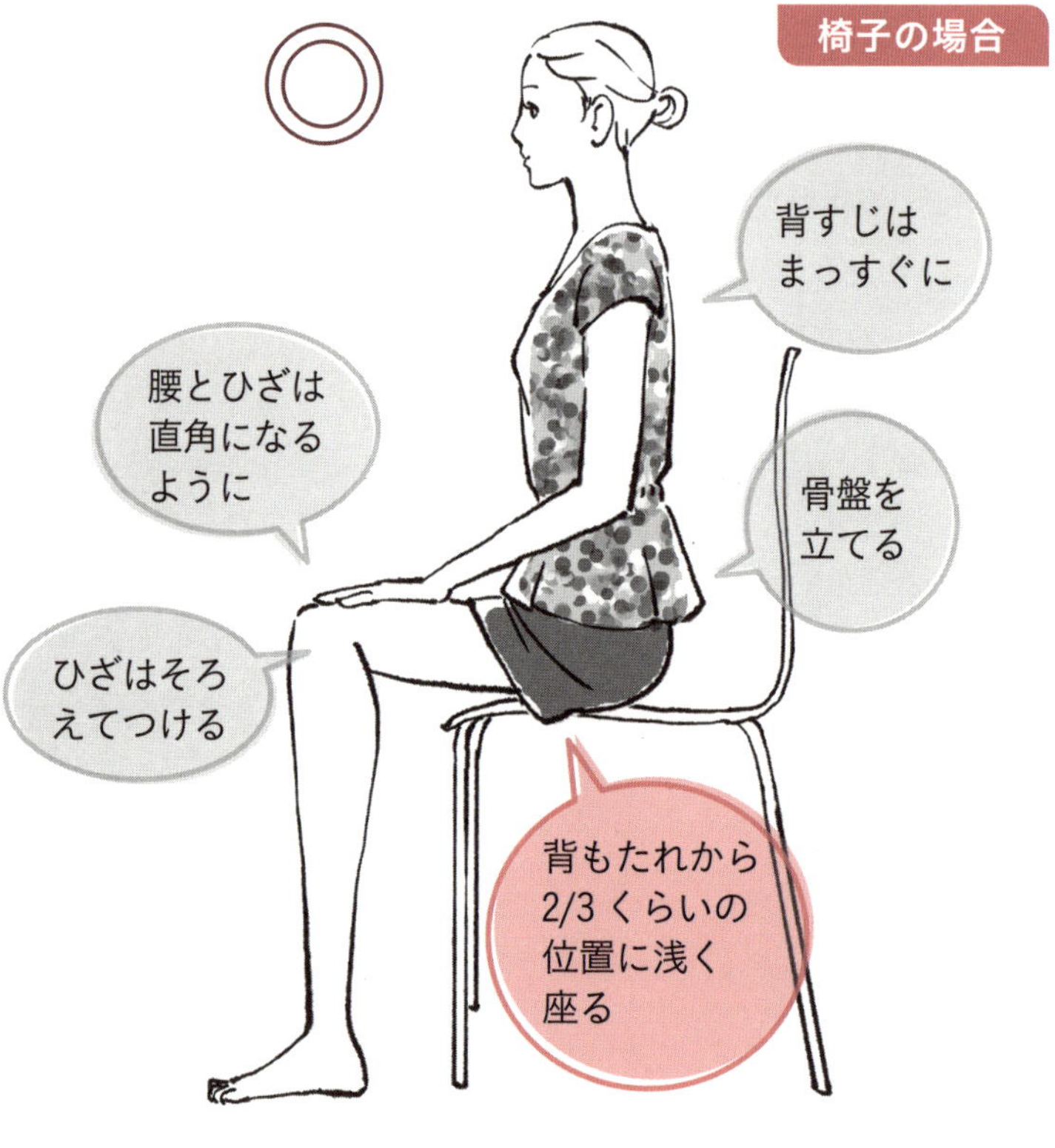
椅子の場合
◎
背すじはまっすぐに
腰とひざは直角になるように
骨盤を立てる
ひざはそろえてつける
背もたれから2/3くらいの位置に浅く座る

美脚をつくるには、ふだんの姿勢もあらためて見直しておきたいところです。

▼椅子に座るとき

椅子には浅く腰かけましょう。背もたれに背をくっつけると、どうしても体重をかけてしまうので、正しい姿勢がキープできません。

最初は姿勢を意識する意味で、背もたれから3分の2くらいの位置で浅く座るといいと思います。しゃきっと骨盤を立てるイメージで。

慣れないうちは、背中と背もたれの間にクッションを入れてもかまいません。

▼床に座るとき

床に座るときの正しい姿勢

〜床に座るとき〜

正座するなら かかとをそろえる

正座の場合

背すじを
伸ばす
かかとはそろえる。
その上におしりを
乗せると骨盤が
キュッと締まる

は、脚をまっすぐに伸ばす「長《ちょう》座《ざ》」だけです。脚に負担をかけないことがいちばんなのです。

どうしても正座をしないといけないときは、背すじを伸ばして座ります。かかとはそろえて、その上におしりを乗せると、骨盤がキュッと締まります。

しびれを防ぐために親指を重ねる人もいるようですが、からだが傾いてしまうのでＮＧ。この姿勢だと、かかとがひらき、その上におしりを乗せると、足首が曲がってしまうのです。

よくない座り方

脚を組んだり、ひざを立てたり…すべて「ゆがみ」の原因に

〜椅子に座るとき〜 脚を組むとねじれてしまいます

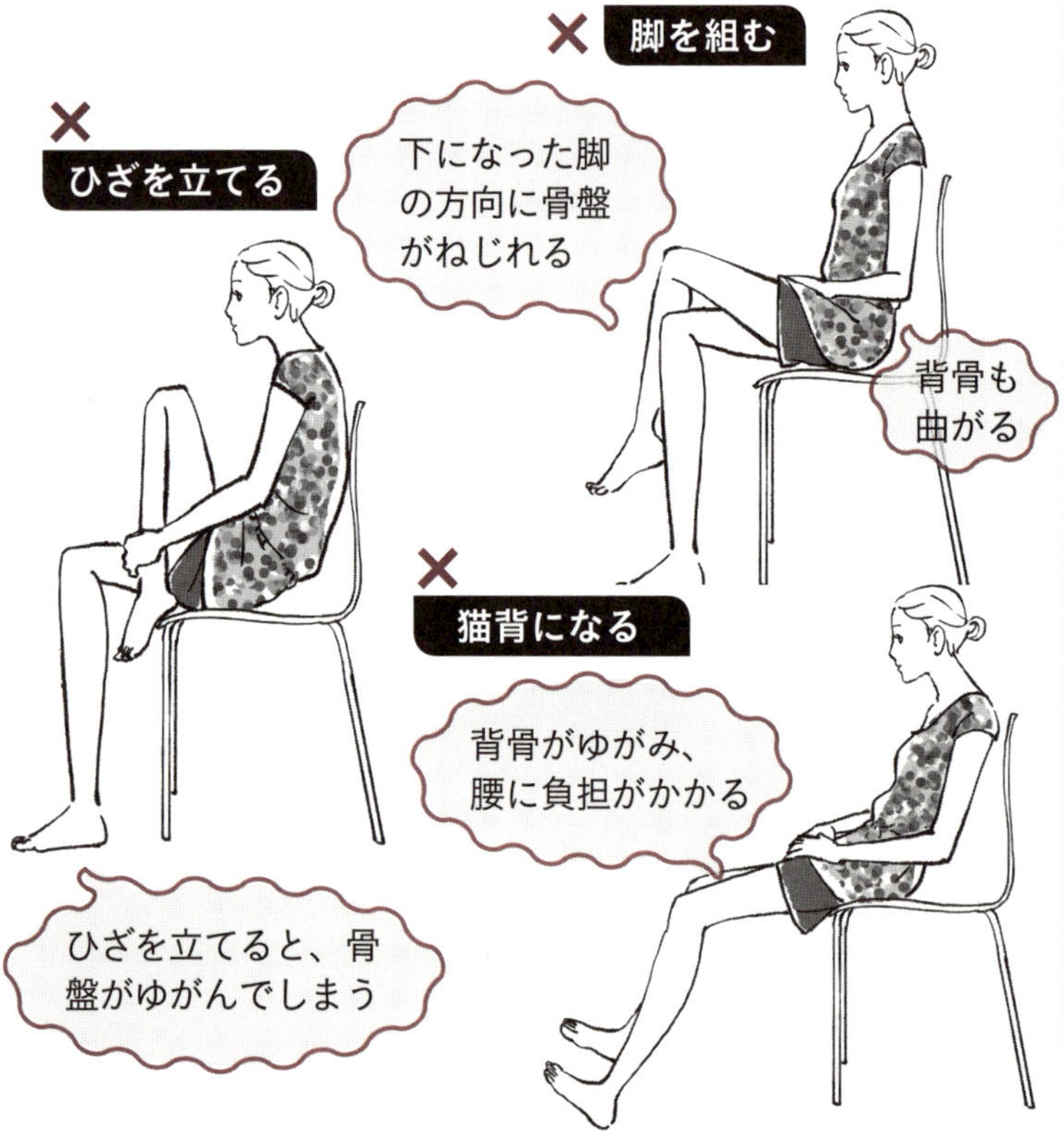

×脚を組む
下になった脚の方向に骨盤がねじれる
背骨も曲がる
×ひざを立てる
ひざを立てると、骨盤がゆがんでしまう
×猫背になる
背骨がゆがみ、腰に負担がかかる

▼椅子に座るとき

椅子に座ると脚を組む人がいます。自分が組みやすい脚にかたよりがちで、その方向に骨盤がねじれてしまいます。そうすると骨盤がかたよった状態で固まってしまうために、ますますそちら側で脚を組むという悪循環が生まれますので注意してください。

同様に、椅子の上でひざを立てることや、猫背になるのもよくありません。背骨に負担をかけ、骨盤がひらく原因になります。さらにその姿勢のまま、長時間パソコンに向かうなど何か作業を続けていると、骨格がゆがみ、筋肉も固まってしまいます。

〜床に座るとき〜
本当は長座以外すべてNGです

✕ 横座り
くせがついてしまった人は反対の向きで座るように
骨盤がねじれてしまう
✕ あぐら
股関節が広がってしまう
下になった足の方向に骨盤が傾く
✕ 割り座
足首とひざがゆがんでしまう
✕ 体育座り
長時間だと座骨がひらいてしまう

デスクに向かうときは、机からこぶし1個分くらい間をあけて座りましょう。

▼床に座るとき

あぐらは股関節が広がるうえ、どちらかの足が上になるせいで骨盤が傾きます。

横座りは骨盤がねじれます。同じ向きで座るくせがついて、ますますねじれがひどくなります。

割り座は足首とひざがゆがむのでやめましょう。

体育座りは骨盤のいちばん下にある座骨がひらいてしまいます。長時間座るのはよくありません。

デスクの下でプッシュ

椅子に座っておこなう①
足ゆびストレッチ

1 右足のかかとで、左足のツボを押す。

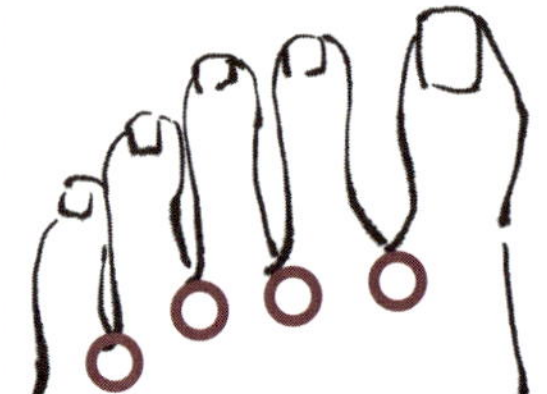

八風

指の水かきの部分にある「八風《はっぷう》」というツボをかかとで押す

2 同様に、右足のツボも左足のかかとで押す。

効果

・むくみをとって代謝アップをうながす。
・つま先の冷えをとる。

POINT

●冷え症の人はとくに水かき部分が詰まりやすいです。オフィスではかかとで、家では太いペンの先などで八風をぐーっと押してあげて。

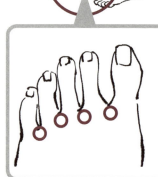

座りっぱなしのときに

椅子に座っておこなう②
足の甲ストレッチ

効果
・むくみをとって代謝アップをうながす。
・土踏まずにアーチがつくられる。

1 右足のつま先を立てる。

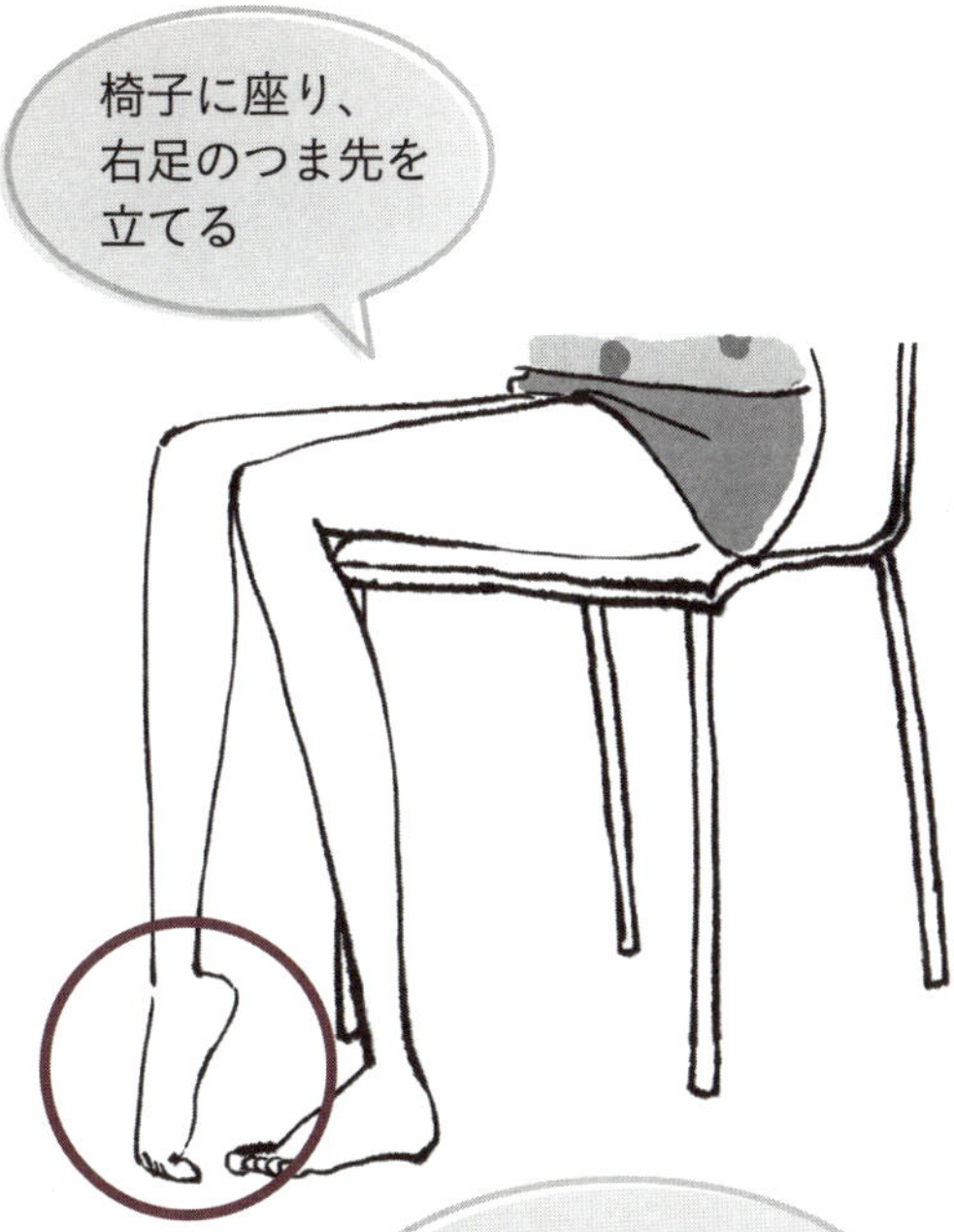
椅子に座り、
右足のつま先を
立てる

2 足の指を曲げる。

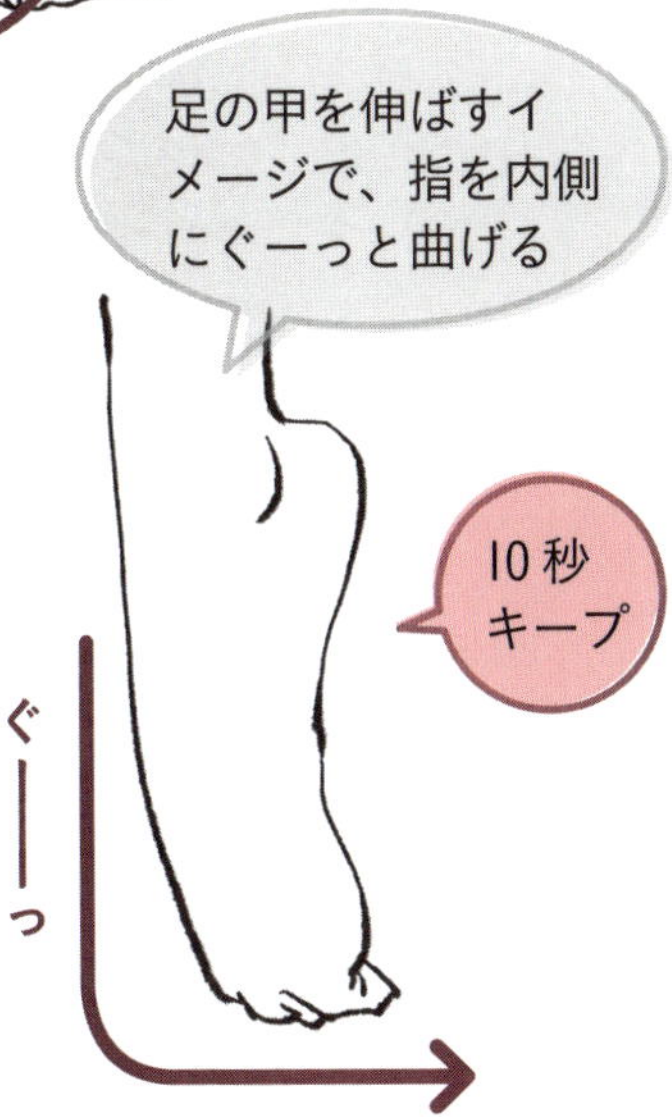
足の甲を伸ばすイメージで、指を内側にぐーっと曲げる
10秒キープ
ぐーーっ

3 左足も同様におこなう。

POINT

●足指を曲げるとき、上半身は前のめりにならないように。足の甲がグイーンと伸びていることを意識しながらおこないましょう。

ぐんぐん
血行よくなる

椅子に座っておこなう③
足首ストレッチ

効果
・足首の関節のコリをほぐす。
・血行をよくする。

1 脚を組む。

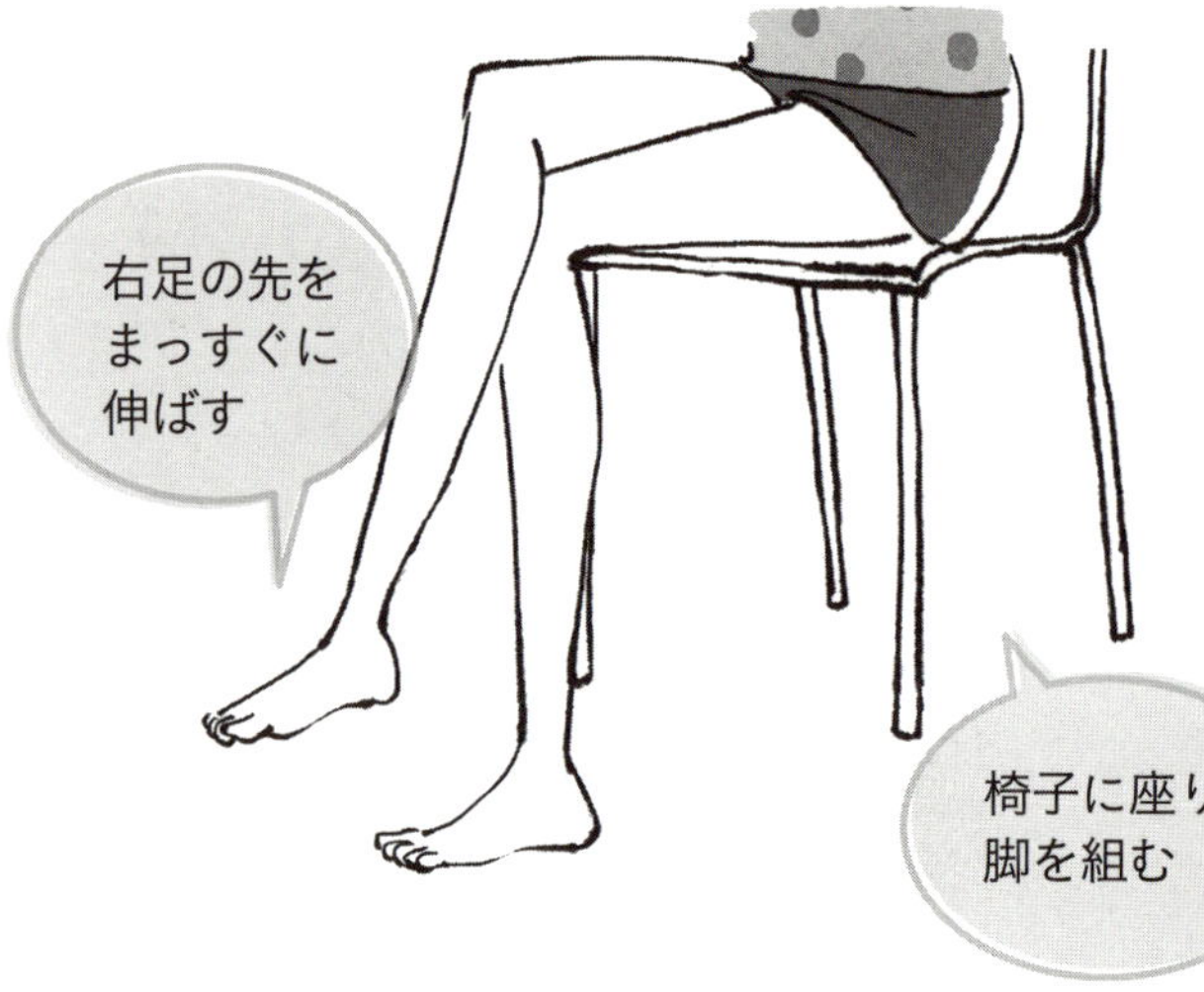

右足の先を
まっすぐに
伸ばす
椅子に座り、
脚を組む

2 右の足首を振る。

3 左の足首も同様におこなう。

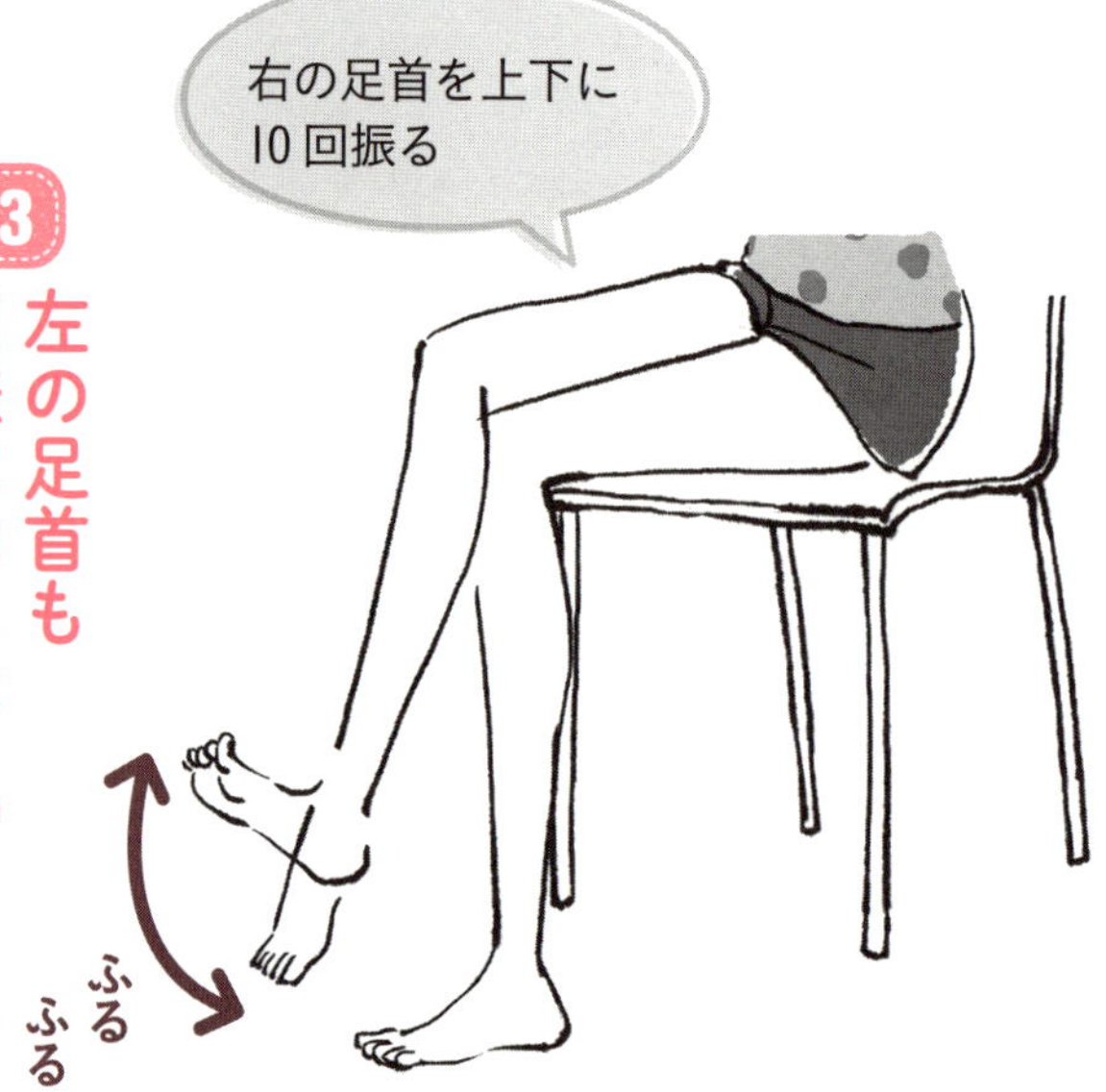

右の足首を上下に
10回振る
ふる
ふる

POINT

●足をブラブラ振る。これだけ！　両足同時におこなってもいいのですが、片方ずつのほうが意識を集中しやすいのでおすすめです。

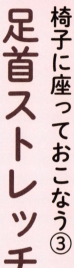

ひざ下のむくみとり

椅子に座っておこなう④
ひざストレッチ

1 ひざをくっつける。

2 ひざ下を交互に振る。

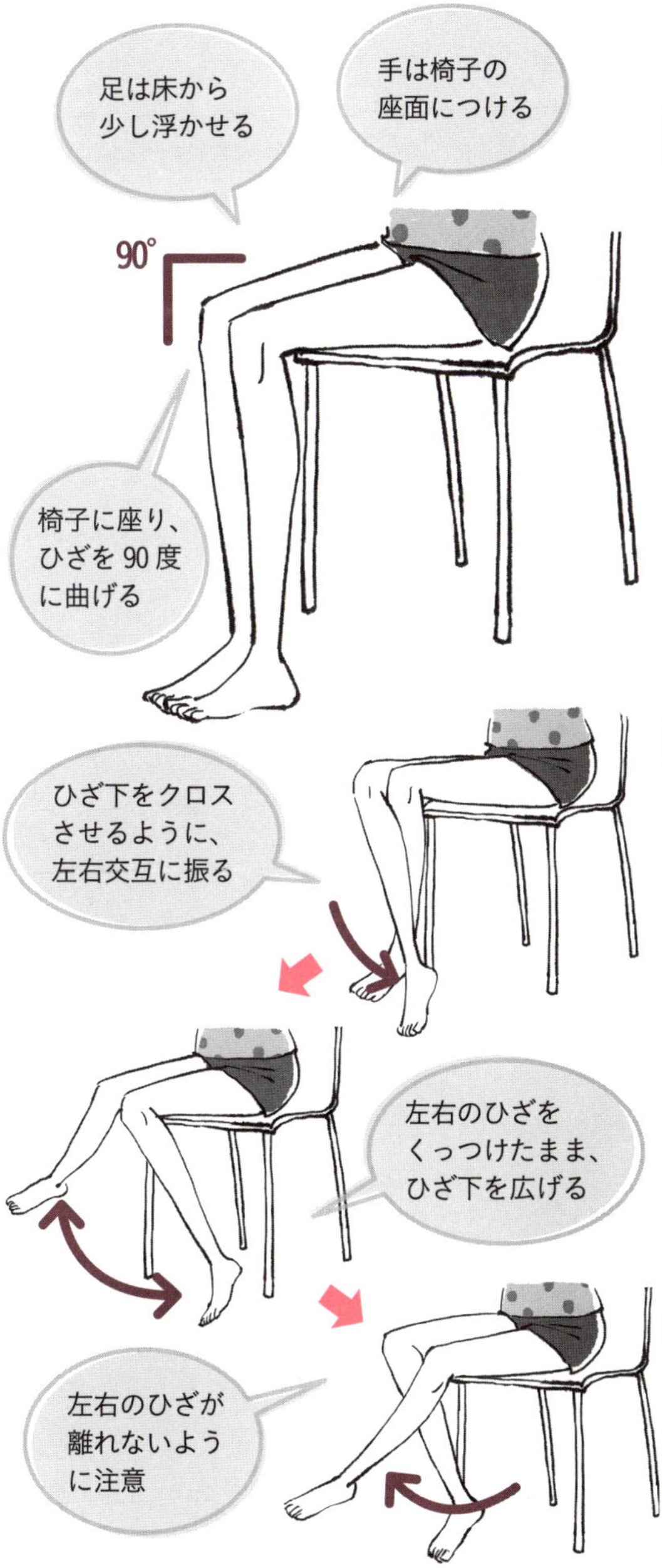
足は床から
少し浮かせる
手は椅子の
座面につける
90°
椅子に座り、
ひざを 90 度
に曲げる
ひざ下をクロス
させるように、
左右交互に振る
左右のひざを
くっつけたまま、
ひざ下を広げる
左右のひざが
離れないよう
に注意

これを5回
くりかえす

効果
・ひざの関節のコリをほぐす。
・ひざ下のむくみをとる。

POINT

●脚を組むのはからだのねじれにつながります。ときどき、椅子の上で片ひざを立てている人を見かけますが、これも同様ですね。

椅子に座っておこなう⑤
ひざエクサ

効果
・ひざまわりのぜい肉をとる。
・曲がったひざをまっすぐにする。

1 右脚を伸ばす。

2 手で右ひざを押しながら、右脚を床から上げる。

3 左脚も同様におこなう。

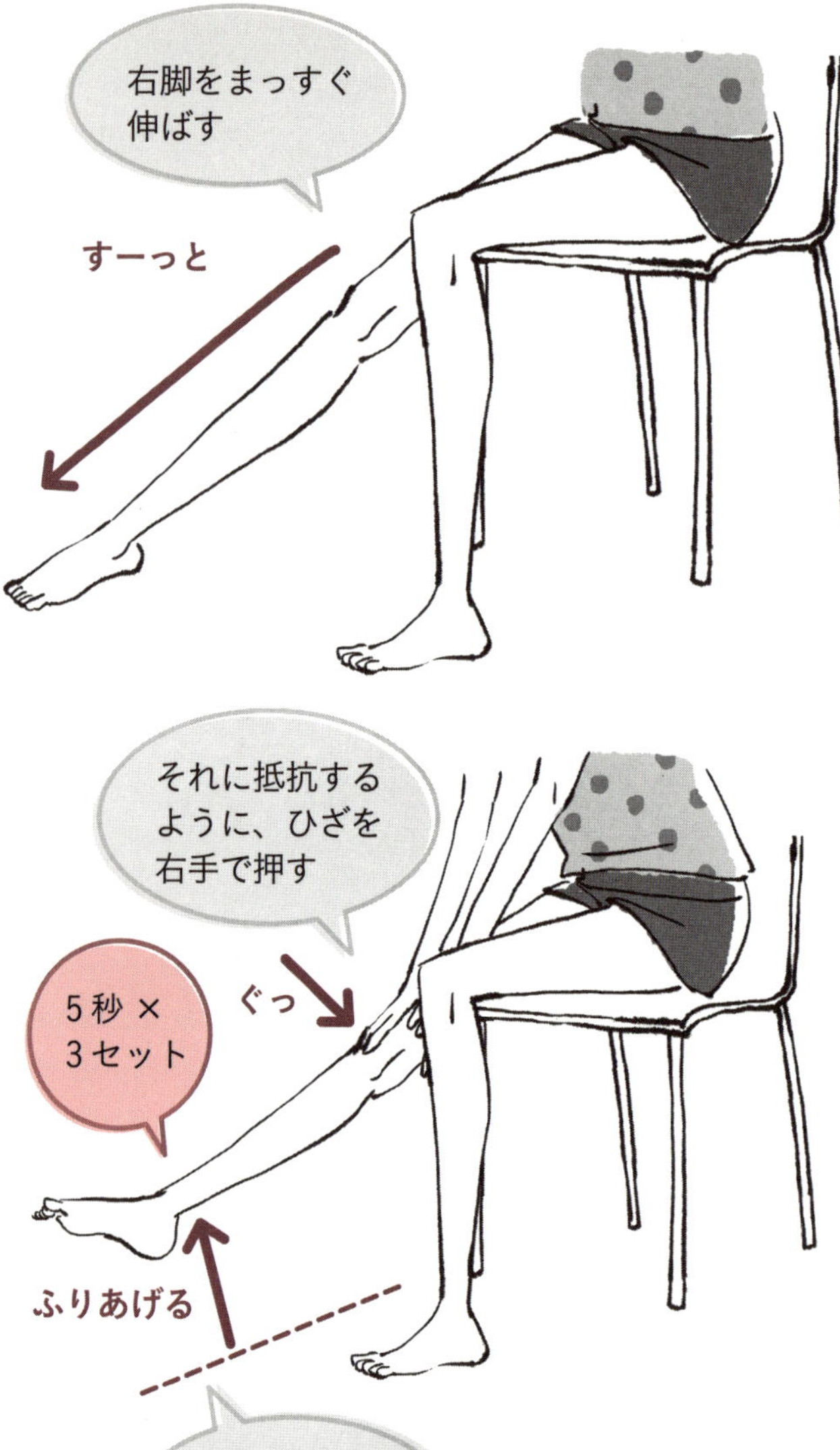
右脚をまっすぐ伸ばす
すーっと
それに抵抗するように、ひざを右手で押す
ぐっ
5秒 ×
3セット
ふりあげる
右脚をまっすぐ伸ばしたまま、床から上げる

POINT

●地味な動きですが、脚全体の筋肉を使うので、意外と引き締め効果があります。片方ずつおこなうほうが、より意識を集中できます。

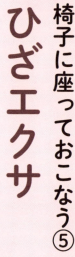

老廃物を流す

椅子に座っておこなう⑥ そけい部マッサージ

効果

・とどこおっているリンパの流れをよくする。
・代謝をアップする。

1 そけい部を押す。

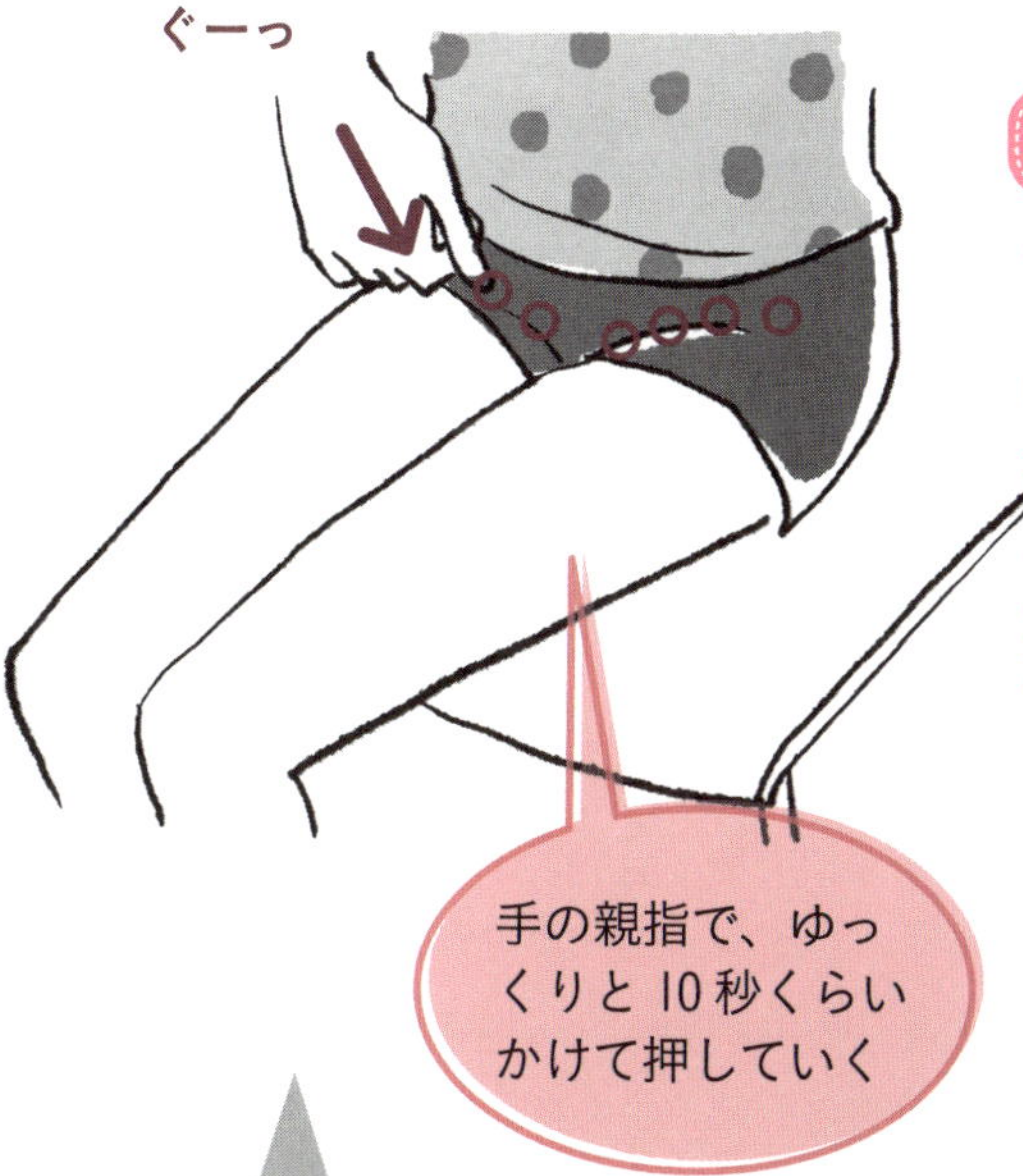
ぐーっ
手の親指で、ゆっくりと 10 秒くらいかけて押していく

親指で押すと痛い人は　手根部（手のひらの下のふっくらとした部分）全体を使ってぐーっと押してあげてもいい

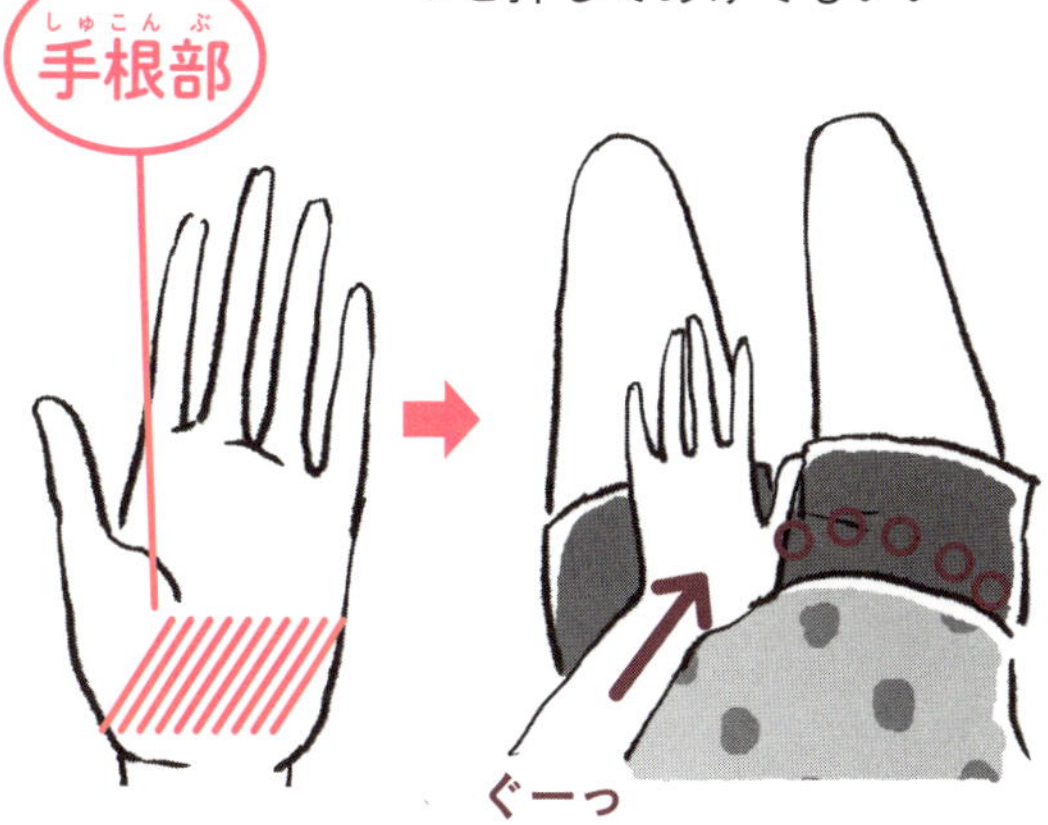
手根部《しゅこんぶ》
ぐーっ

POINT

●「ここにある老廃物を流して、代謝を上げるんだ！」という気持ちを込めて、イタ気持ちいいぐらいの力で押しましょう。

基本の立ち方

立ちっぱなしが続いたら、脚をほぐしてあげましょう

頭からかかとまで まっすぐにキープが理想

視線はまっすぐ
肩は後ろに引くイメージ
背すじを伸ばす
おなかは上に引っぱるイメージで伸ばす（お腹をへこますイメージで腹筋を使う）
おしりは突き出さない

重心がアンバランスになる片足重心、交差立ち、それに加えて最近は、足首を曲げて内股で立つ「側面立ち」の人をよく見かけるようになりました。これらの立ち方は関節に負担がかかります。

正しい立ち方の基本を見ていきましょう。まず、壁に背中をつけて立ってみてください。頭、肩、おしり、ふくらはぎ、かかとの5か所がぴったり壁につくのが理想です。

そして腰の後ろの隙間は、手のひら（手の厚み）が入るくらいが理想です。それ以上あいている場合は、反り腰（おなかが前に出ておしりも出っぱる）になっている可能性が。

理想の立ち方 チェックポイント

壁に背中をつけたとき この5か所がぴったり壁につく

- ☑頭
- ☑肩
- ☑おしり
- ☑ふくらはぎ
- ☑かかと

壁に背中をつけたとき 腰の後ろの隙間は…

- ☑手のひらが入るくらい

私の教室では、肩とふくらはぎがつかない人が多いのですが、肩がつかないのは猫背になっているから。ふくらはぎがつかないのは、ひざが曲がっているからです。

背すじを伸ばし、左のイラストのように立つと、正しい立ち方に近づきます。理想は、骨盤がまっすぐ立っている状態。上半身を下半身の上に垂直に乗せるイメージです。

姿勢が気になるときは、おなかに手のひらを軽くあててみて。腹筋を意識すると、上半身が安定して、猫背や反り腰が防げます。

よくない立ち方

交差立ち、側面立ち…片足重心はＮＧ

立ち方によっては、内臓にまで負担がかかることも

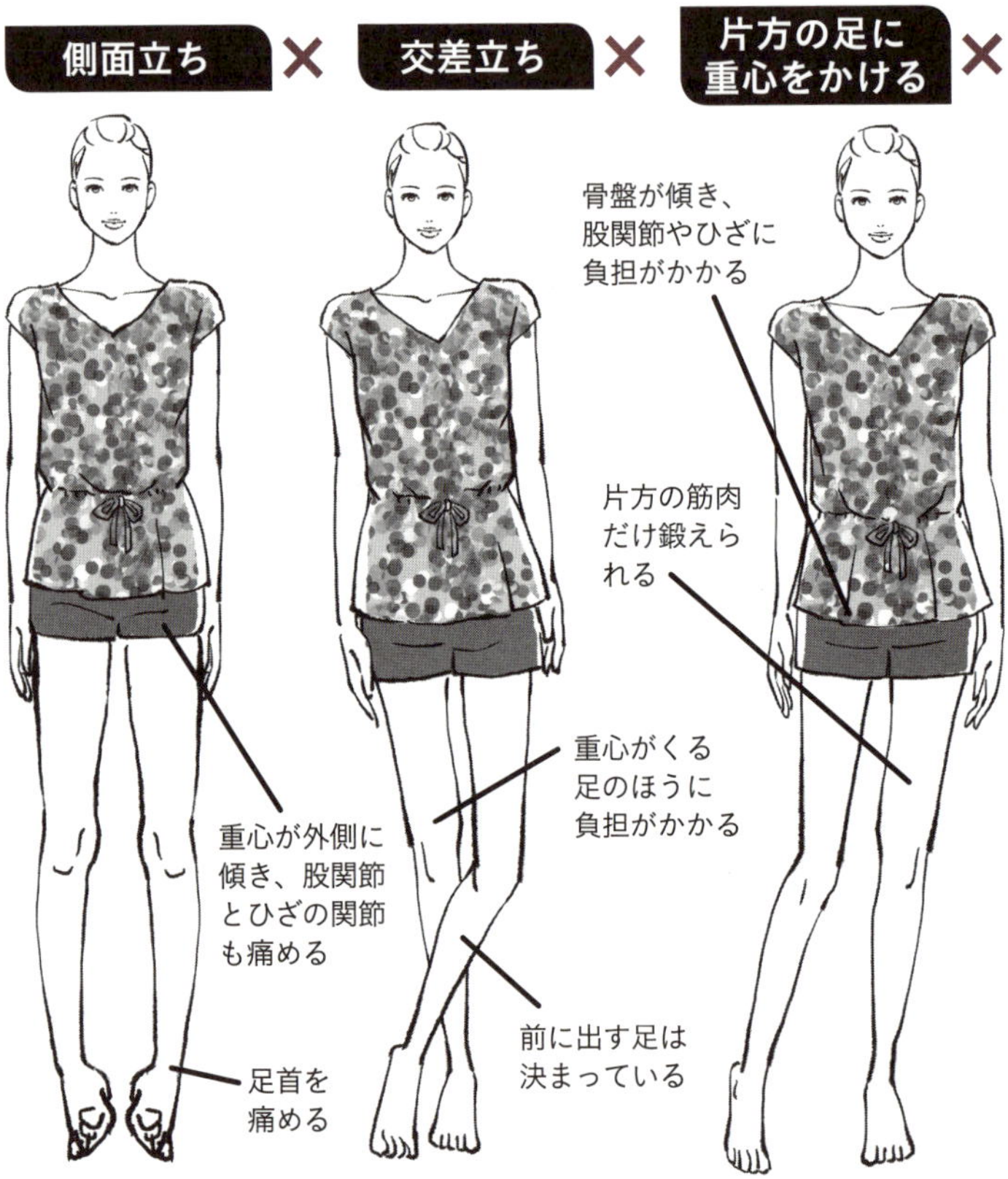

側面立ち ×
交差立ち ×
片方の足に重心をかける ×
重心が外側に傾き、股関節とひざの関節も痛める
足首を痛める
重心がくる足のほうに負担がかかる
前に出す足は決まっている
骨盤が傾き、股関節やひざに負担がかかる
片方の筋肉だけ鍛えられる

片方の足に重心をかけると、そちら側の筋肉だけが鍛えられてしまいます。重心がアンバランスになってしまうだけでなく、骨盤も傾きます。その状態で股関節やひざに上半身の体重が乗ると、ものすごく負担がかかります。

片方の足を前に出して立つ交差立ちも、骨盤のねじれを招きます。どちらか片方の足を前に出しがちなので、重心が来る足のほうに負担がかかります。

最近よく見かける側面立ちは、中高校生が「かわいい」と思ってやっているようですが、足首を痛めてしまいます。重心も外側に傾いて、ひざや

猫背、反り腰……
内臓にも負担がかかる

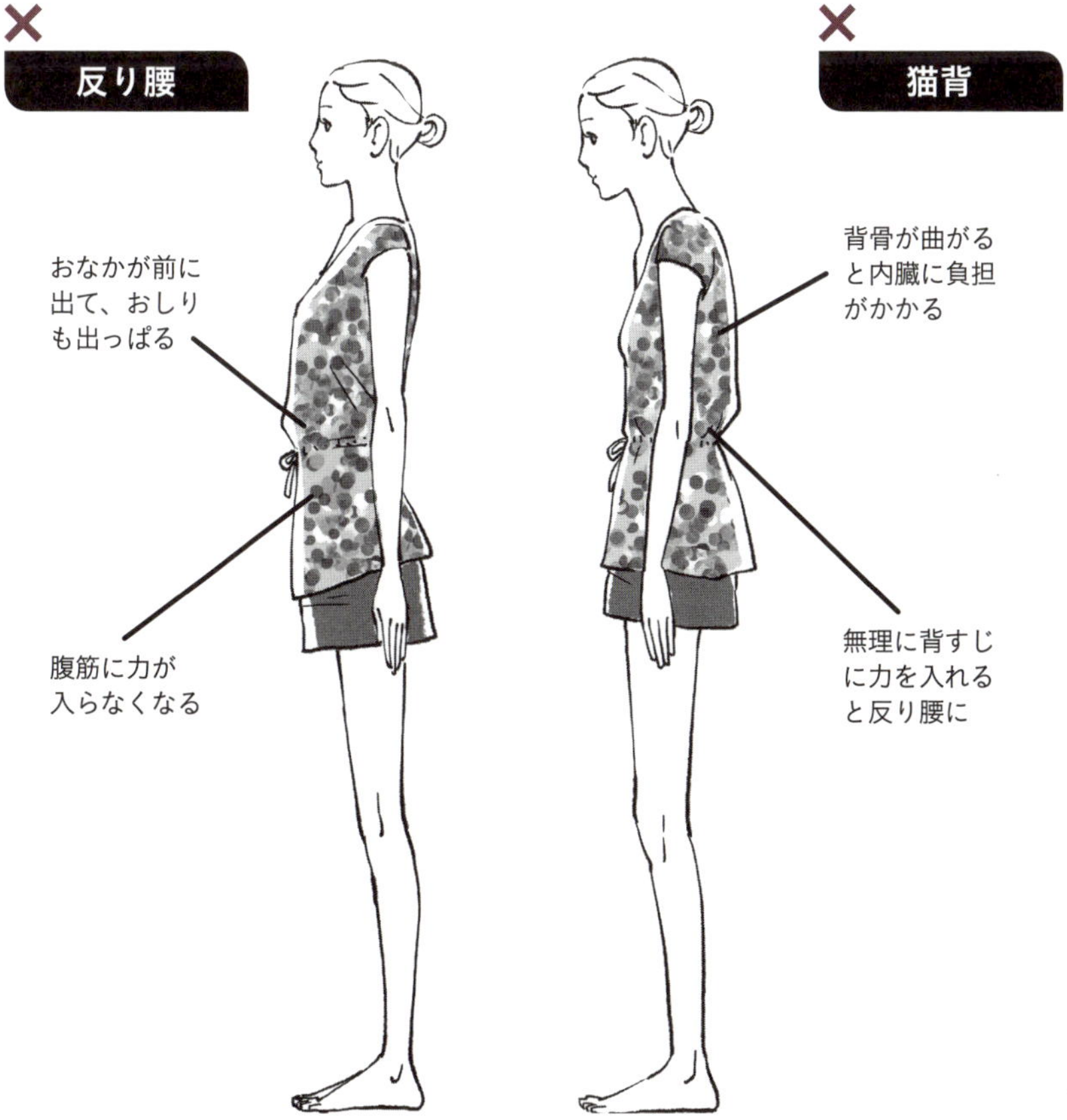
×
反り腰
おなかが前に出て、おしりも出っぱる
腹筋に力が入らなくなる
×
猫背
背骨が曲がると内臓に負担がかかる
無理に背すじに力を入れると反り腰に

股関節を痛める原因に。

　猫背は日本人に多く見られる姿勢です。背中を丸め、恥骨を前に出した姿勢は、見るからに疲れているようで、外見的にもよくありません。また、背骨が曲がることで、内臓に負担をかけ、全身の不調を招くこともあります。

　逆に猫背を直そうと背すじに無理に力をいれると、反り腰になってしまいます。この姿勢は腰にものすごく負担をかけます。おしりが出っぱることで、腹筋に力が入らなくなって、腰を支えられなくなるのです。

ちょっとした時間にどうぞ

立ったままおこなう①
足首ストレッチ

効果
- ・足首の関節のコリをほぐす。
- ・ふくらはぎを引き締める。

1 まっすぐ立つ。

2 両足のつま先を上げる。

3 つま先を下ろす。

ひざは曲げ
ないように

4 つま先立ちになる。

背伸びを
するように
伸びる

5 かかとを下ろす。

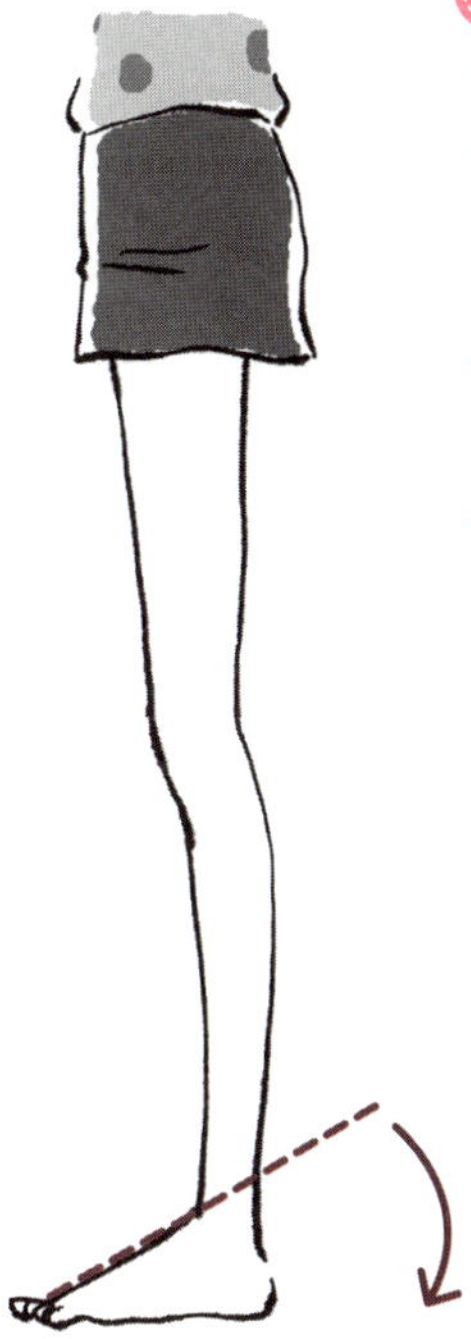

②〜⑤を
5回くりかえす

POINT

●一定のスピードでリズミカルにおこなうと効果が上がります。オフィスでコピーをとりながらなど、ちょっとした時間にどうぞ。

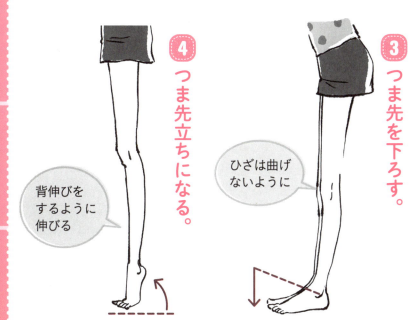

地味な動きが意外に効く

立ったままおこなう②

太ももストレッチ

効果
・張っている前ももの筋肉をほぐす。
・足の甲のアーチを刺激する。

1 まっすぐに立つ。

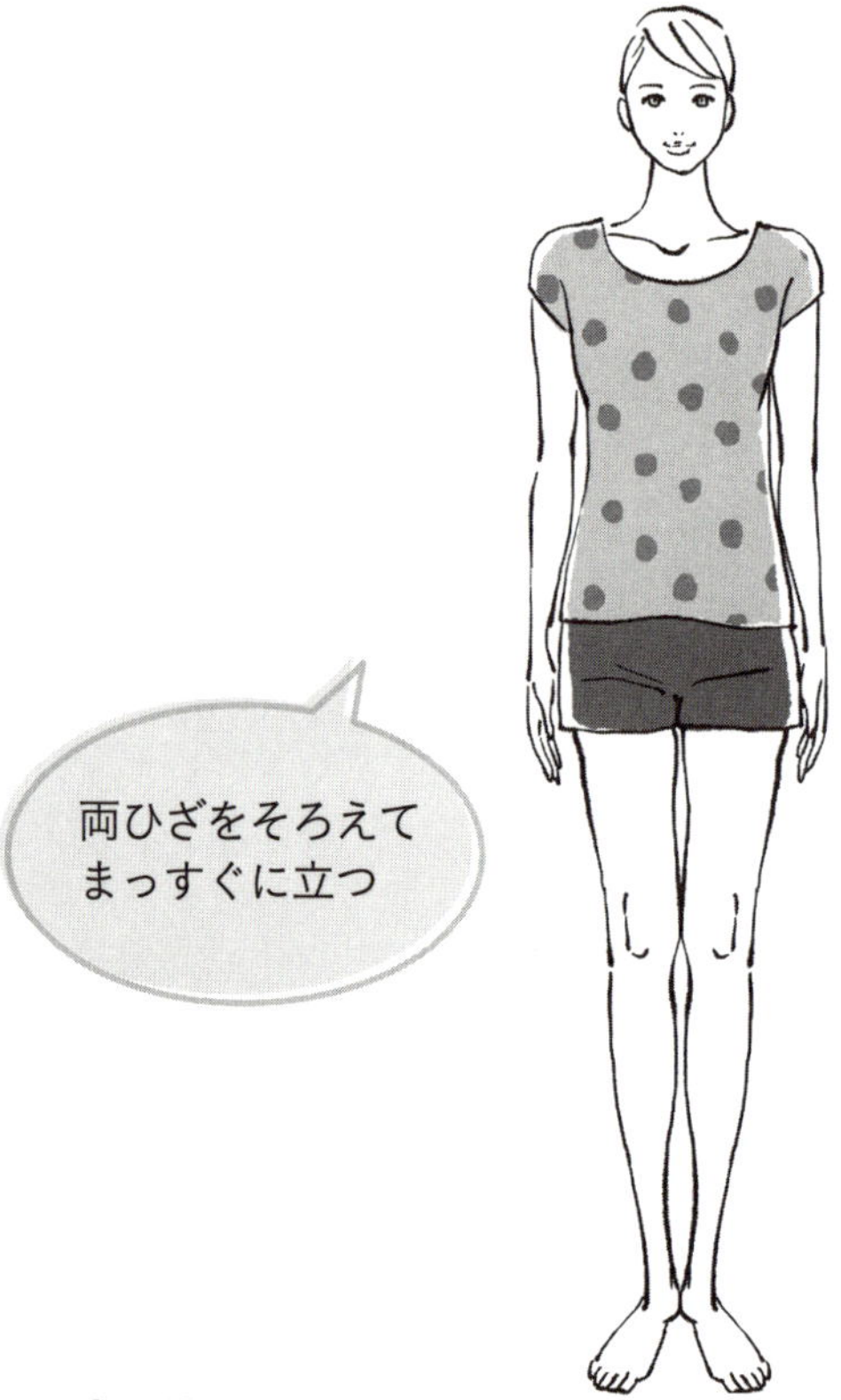

2 右脚を曲げる。

3 右脚の前ももを伸ばす。

4 左脚も同様におこなう。

POINT

●内ももがたるんでいる一方で、前ももの筋肉は張っている、とお悩みの方が多いですね。 地味な動きですが、意外に効くんですよ。

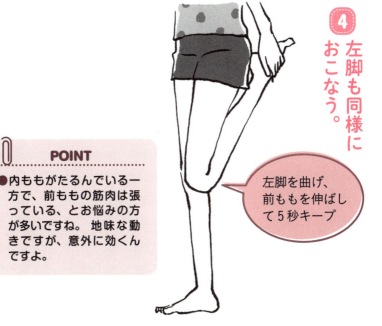

両手のこぶしでトントン

立ったままおこなう③ おしりマッサージ

効果
・おしりのたるみを引き締める。
・おしりのコリをほぐす。

① おしりのほっぺをたたく。

両手のこぶしで
大転子のまわりを
トントンとたたく
トントン
トントン

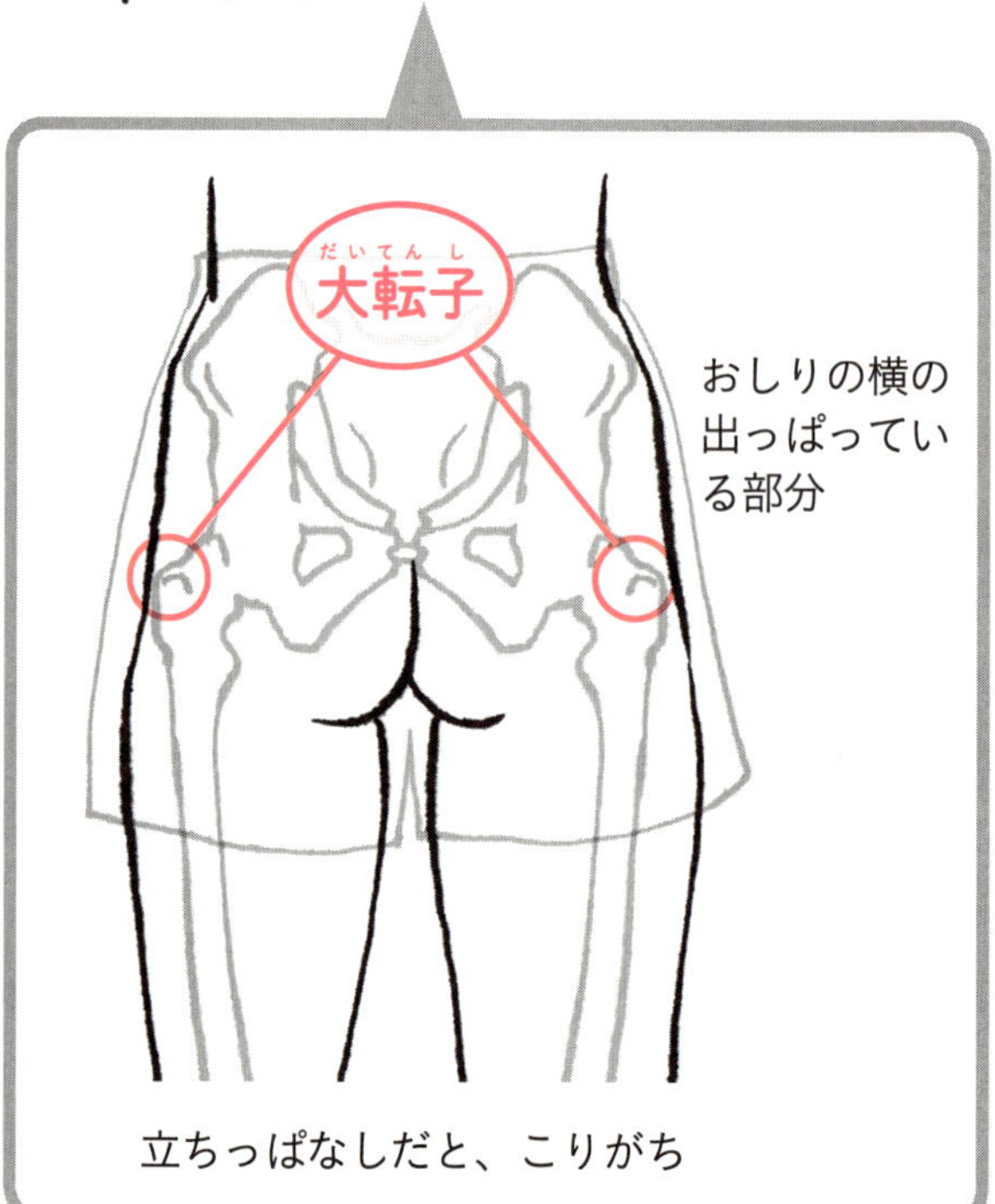

大転子《だいてんし》
おしりの横の出っぱっている部分
立ちっぱなしだと、こりがち

2 おしりの骨をたたく。

トントン
トントン
両手のこぶしで
仙骨のキワをトン
トンとたたく

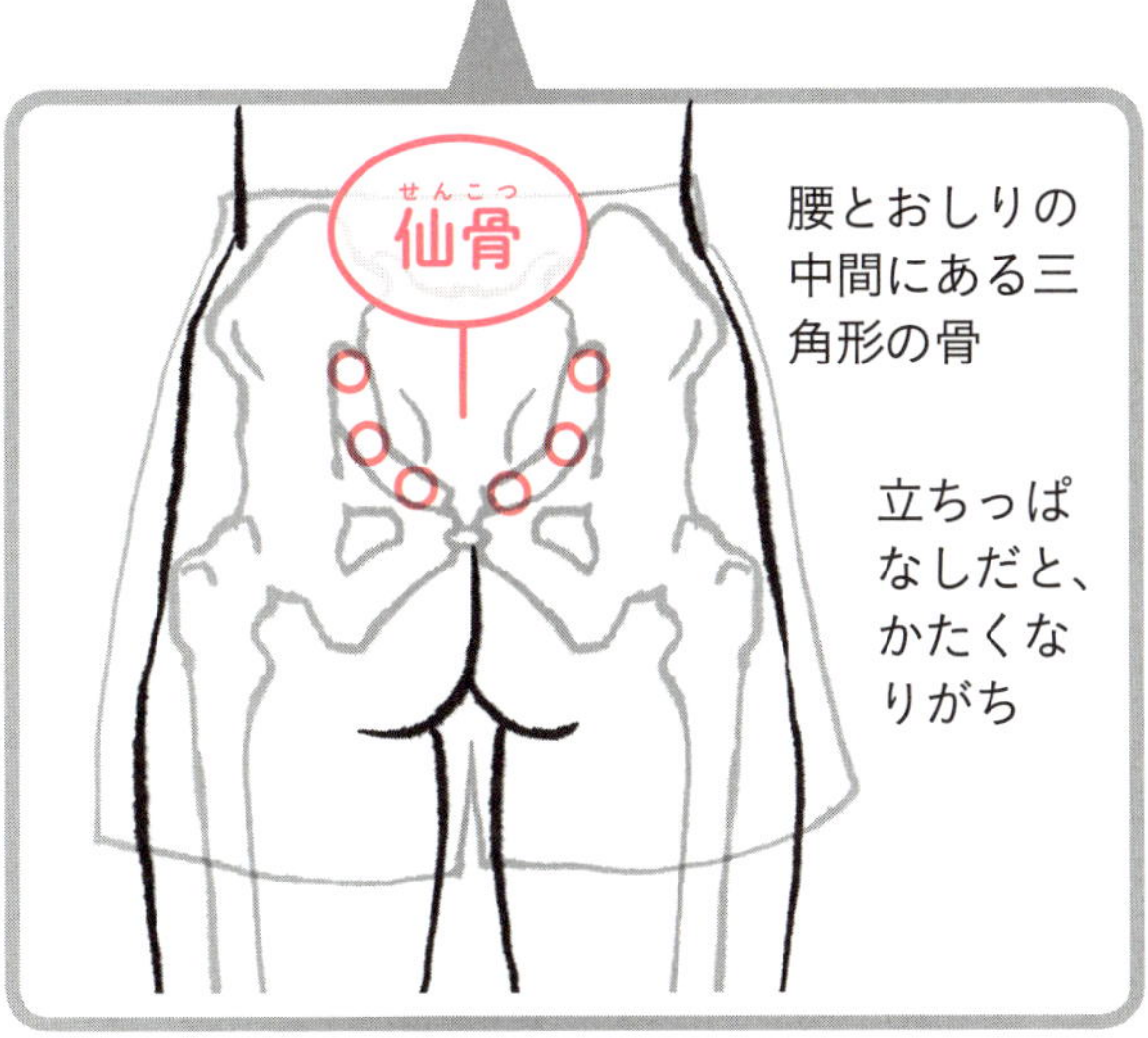
仙骨《せんこつ》
腰とおしりの
中間にある三
角形の骨
立ちっぱ
なしだと、
かたくな
りがち

POINT

●おしりって意外にこりやすいんです。オフィスだとあまり大きな動きは難しいですが、これだとこっそり簡単にできますよね。

ちょっとした動きでOK

立ったままおこなう④
太ももエクサ

効果
・内転筋（太ももの内側の筋肉）を鍛える。
・太もも～ひざのラインが美しく整う。

1 まっすぐに立つ。

両脚は肩幅に広げる

2 右脚を前に出す。

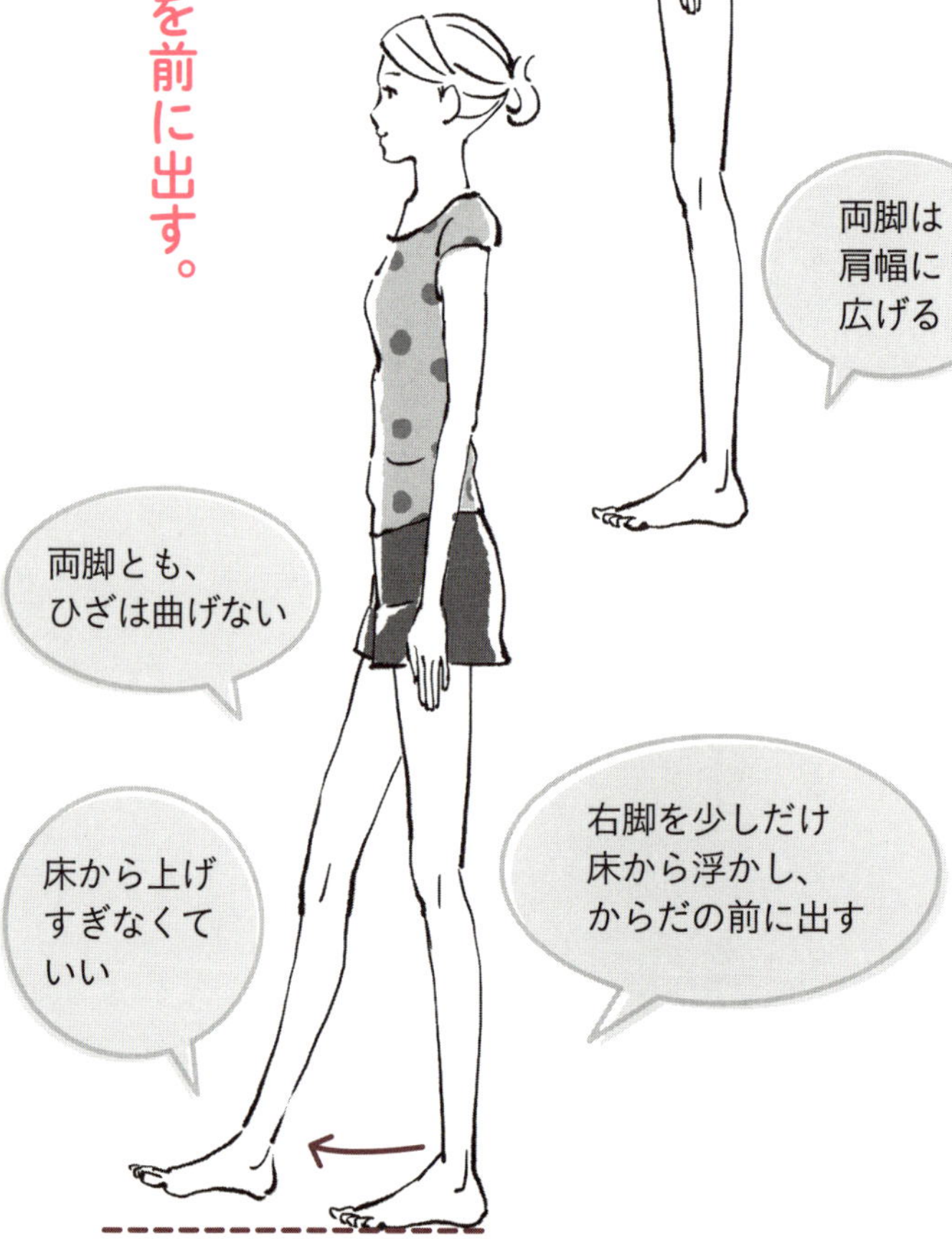
両脚とも、ひざは曲げない
右脚を少しだけ床から浮かし、からだの前に出す
床から上げすぎなくていい

3 右脚を左に揺らす。

4 左脚も同様におこなう。

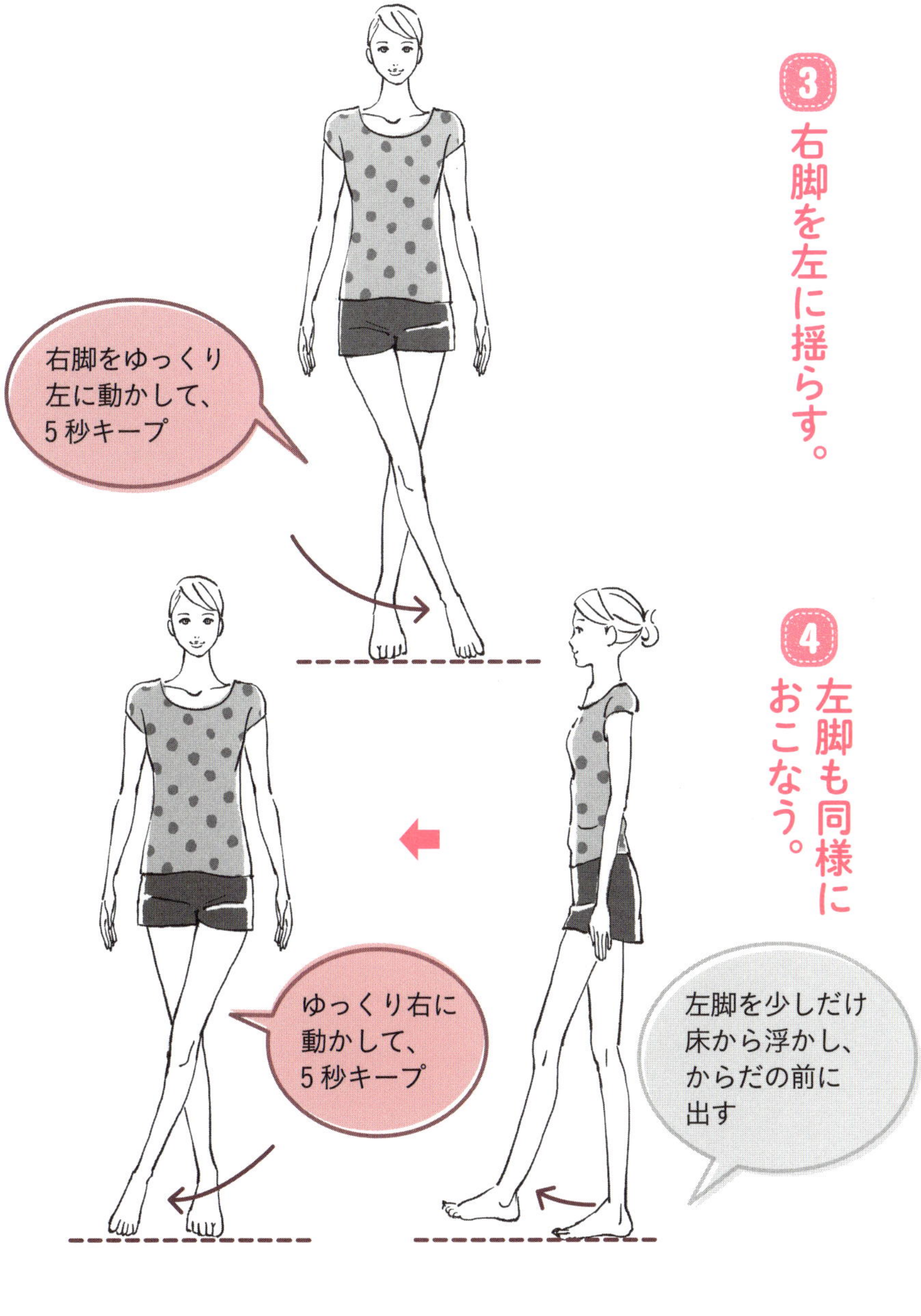
右脚をゆっくり
左に動かして、
5秒キープ
ゆっくり右に
動かして、
5秒キープ
左脚を少しだけ
床から浮かし、
からだの前に
出す

POINT

●脚は大きく上げたり、大胆に揺らしたりする必要はありません。ちょっと浮かして動かす程度でも、じゅうぶんに効果が出ます。

脚全体を鍛える

立ったままおこなう⑤ ひざエクサ

1 まっすぐに立つ。

背すじを伸ばして、まっすぐに立つ
両足のかかとはつける。つま先はひらく(60°くらい)

2 両ひざをひらく。

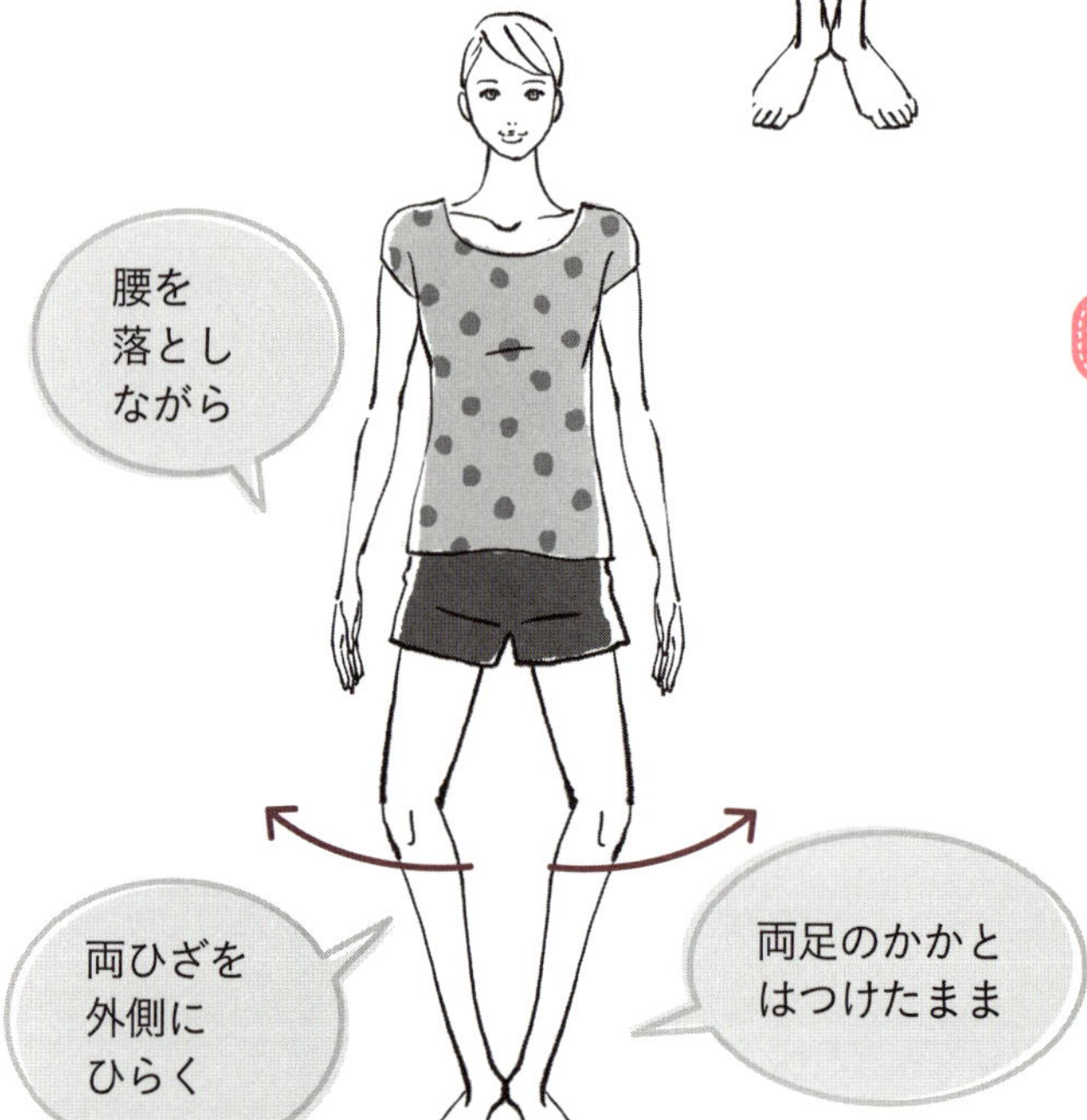
腰を落としながら
両ひざを外側にひらく
両足のかかとはつけたまま

効果
・内ももやおしりの後ろ側の筋肉を鍛える。
・足首・ひざ・股関節のゆがみを整える。

3 両ひざを閉じる。

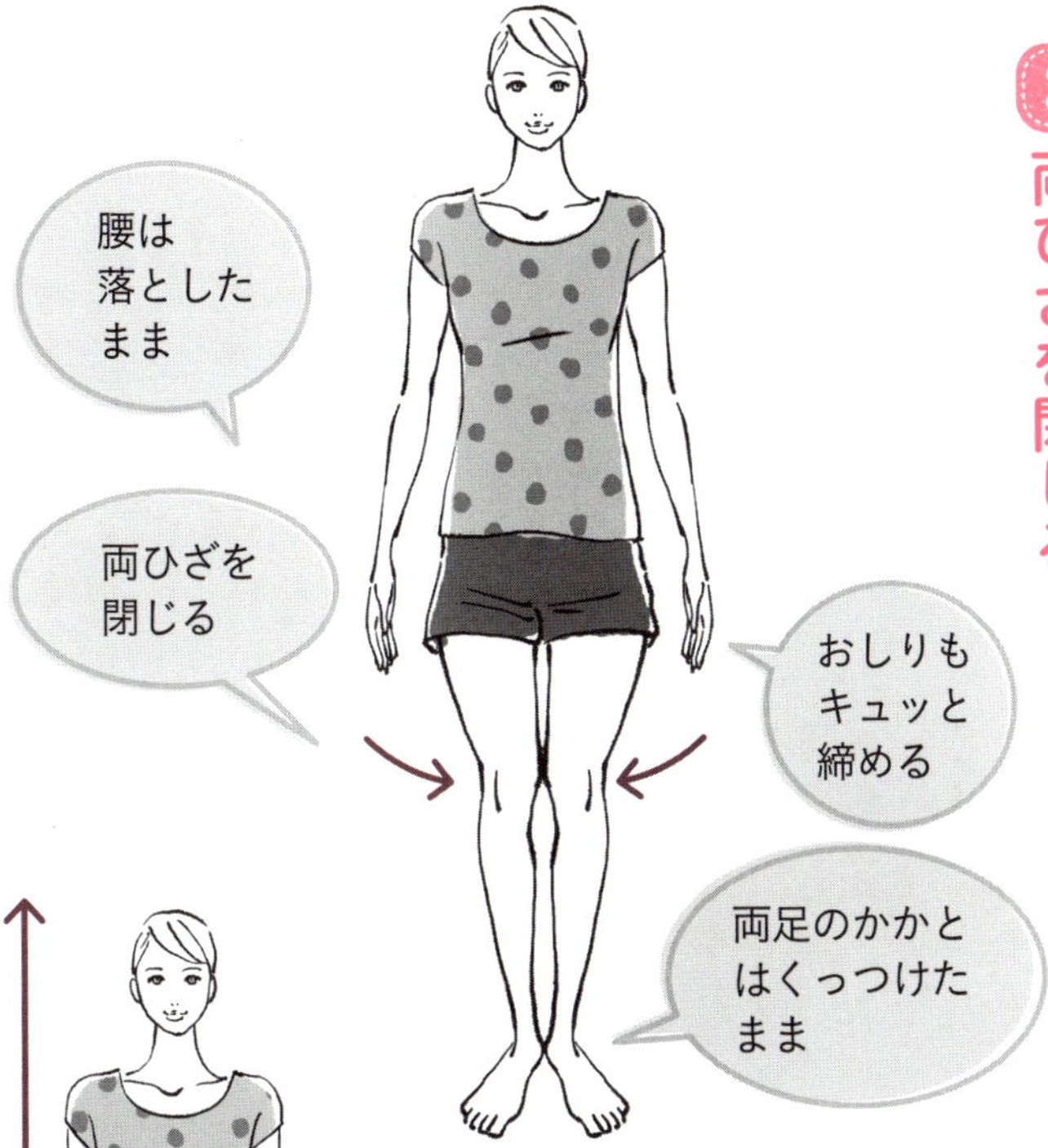

4 背すじを伸ばす。

POINT

●ふつうのスクワットだと前ももばかりが張ってしまいますが、この方法だと脚全体を鍛えることができます。

生活の基本！正しい歩き方をマスターしよう

正しい歩き方 3つのポイント

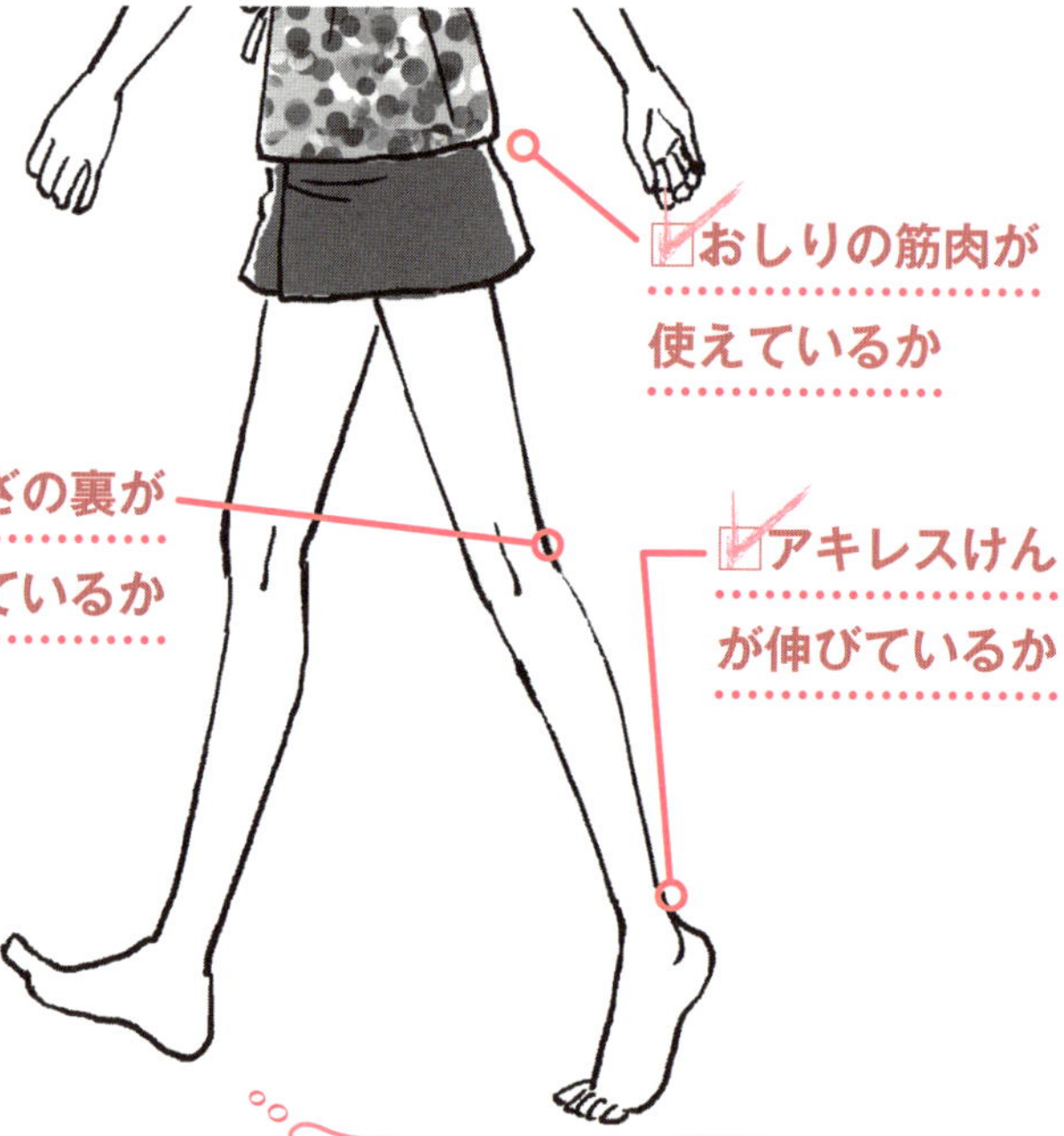
おしりの筋肉が使えているか
ひざの裏が伸びているか
アキレスけんが伸びているか

この3点をクリアできれば
正しい歩き方ができています

歩くことは日常動作の基本です。

まずは基本の立ち方（P78〜79）で立ってみましょう。その姿勢から、ひざとひざをすり合わせるように1歩を踏み出してください。

歩幅の目安は、肩幅＋足幅ひとつ分。腕を少し振ると、大きく踏み出せます。

目の前の人に足の裏を見せるイメージで歩き、かかとから着地します。

上記のチェックリストにある①②③の3点をクリアしていれば、正しい歩き方ができています。

歩くときの姿勢が悪いと、足首やひざ、股関節など大切

大きく踏み出して かかとから着地

基本の
立ち方から
スタート
視線は
まっすぐ
腕を少し
振る
ひざとひ
ざをすり
合わせる
足の裏を
見せる
ように
かかと
から
着地

な関節に負担をかけてしまい、歩行困難になってしまうことがあります。

間違った歩き方をすると、体重のかけ方がずれてきて、からだに深刻なダメージを与えてしまうんです。

ウォーキングを習慣にする人も珍しくありませんが、小さい歩幅でちょこちょこ歩いていたのでは、意味がありません。どんなに長い距離を歩いても、代謝が上がらないので、もったいないと思います。効率的なウォーキングのコツは、歩幅を大きくとること。詳しくは次頁にて。

歩幅を広めにとって 全身の血行促進&代謝アップ

代謝の上がる 歩き方のコツ

足を肩幅に広げ、さらに足幅ひとつ分広げる
そのまま横を向くと、理想的な歩幅がわかる
歩幅の目安は、肩幅＋足幅ひとつ分

まずは足を肩幅にひらき、足幅ひとつ分さらに広げて、そのまま横を向くと、理想的な歩幅になります。やや広く感じるくらいがちょうどいいです。

少ない距離でも歩幅を大きくとって歩いたほうが、はるかに代謝が上がって、やせる効果が期待できます。

仕事などで高いヒールをはかないといけない場合もあります。そんなときは、せめて両足にしっかりと重心をかけるようにして立ちましょう。この場合、足先はそろえなくてもかまいません。

また、どうしてもつま先のほうに体重がいきやすくなる

効率的な ウォーキング

歩幅を大きくするだけで…

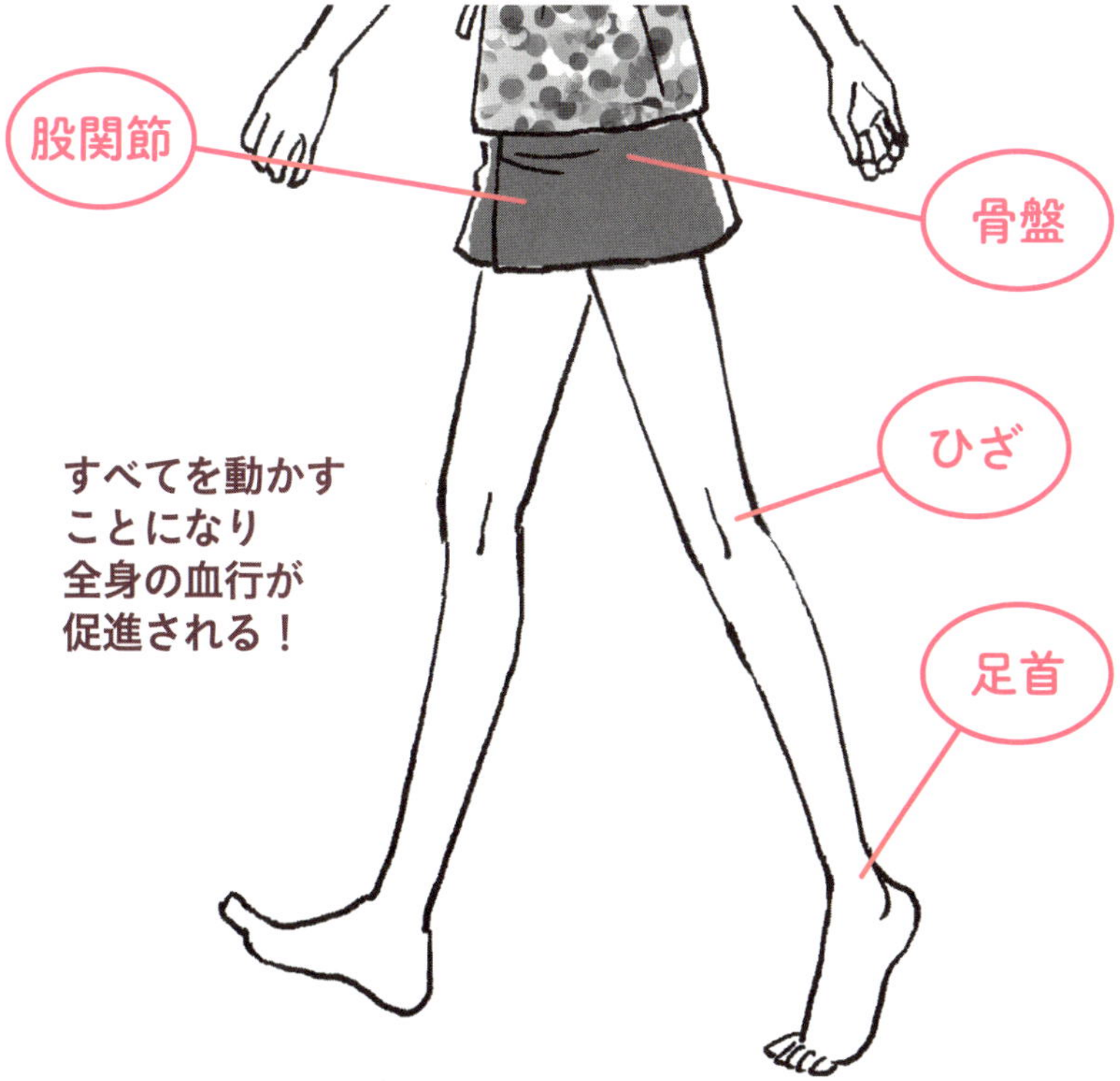
股関節
骨盤
ひざ
足首
すべてを動かすことになり全身の血行が促進される！

ので、靴のかかとのほうに体重をかける気持ちでいること。そうすればヒールでも比較的安定して立てます。

最近は、ヒールのない「ぺたんこ靴」も人気ですが、一見歩きやすいようで、靴底のクッション性に欠けるというデメリットもあります。特にアスファルトの上を歩いたときは、衝撃を直接、足裏に受けることになり、足を傷める可能性も。

衝撃を吸収するには、3㎝くらいのヒールがあるか、スニーカーくらいの厚みがある靴底だと理想的です。

内股歩き、小股歩きでいいことは1つもありません

最近、背中をかがめ、小股でぴょこぴょこ歩くヒール姿の人を街で多く見かけます。ヒールの高い靴をはいているために足元が安定せず、こういう歩き方になっているのでしょう。

このタイプはたいていひざがゆがみ、骨盤がひらき、重心が外側に傾いてしまっています。そして靴底を見ると、外側だけがすり減っていることがほとんどです。

おしゃれをしたい気持ちもわかりますが、ヒールの高い靴は関節に悪い影響しかありません。

まず、高いヒールをはいていると、歩幅が狭くなり、ひざ下だけで歩くようになります。ヒールをはいて大股で歩ける人はほとんどいません。

小股歩きでは、どうしても動きがにぶくなり、ひざが曲がってしまいます。ひざが曲がっていると、ひざ裏にあるリンパ節が押しつぶされた状態になるので、ひざ下の血行が悪くなります。そして、ひざ上にぷよんぷよんの肉がつくのです。

この肉があると、ひざの骨が隠れてしまい、ひざ下が実際より短く見えるという悲しい現象も起きてしまいます。

理想的な歩き方は、ひざをしっかり伸ばして、大股で歩くことです。そうすれば骨盤も連動して動き、内臓が刺激されて代謝が上がり、ダイエット効果が期待できます。

5章

やわらかいからだが美脚をつくる！

脚にやさしい生活のススメ

足に合う
靴を選ぼう

靴を選ぶ基準は「足に負担をかけない」

合わない靴をはくのはNG
シューフィッターに選んでもらおう

POINT

- 左右で足の形が違う人も多いので、靴を選ぶときはシューフィッターに両足を見てもらうのがおすすめ。
- 足の幅や甲の高さを測ってもらい、かかととつま先がぴったり合うように、中敷きを選んでもらいましょう。

自分の足に合わない靴をはくと、血流をさまたげる原因になります。靴に足を合わせるのではなく、あくまでも自分の足に合った靴を選ぶこと。

靴を選ぶときはシューフィッターに相談して足の幅や甲の高さを測ってもらい、中敷きを選んでもらいましょう。

なお、朝と夕方では、足のむくみが違ってきます。夕方になったら中敷きをはずす、1枚だけかかとに当てる、といった工夫をすることも大事です。

高いヒールは脚が長く見えてステキですが、足首が固定されやすいため、血液の循環がとどこおりがちです。脚に

高いヒールをはきこなすなら筋力をつけないと危険！

高いヒールをはくとつま先で体重を支えることに
エクササイズ、体重コントロールといった努力が必要です

かける負担も大きく、ひざが曲がってしまっている人も見かけます。高いヒールをはきこなすには、そのための筋力をつけないといけないのです。

ヒールの高さは、せいぜい6〜7cmまでに。それでもキツイと感じるなら、3〜5cmくらいにとどめるなど、自分にとっていちばん歩きやすいヒールの靴を選びましょう。

どちらにしても、ヒールのあるパンプスは、脚への負担が大きいです。オフィスについたらゆったりとした靴にはき替え、足指をいたわってあげましょう。

食べ物でも足が変わる！

かしこく選んで 食から美脚に近づこう

むくまない食 太らない食を目指して！

避けたい食べもの

- 塩分の多い食事
- スナック菓子
- 甘いお菓子
- 清涼飲料水
- アルコール類

おすすめの食べもの

- 大根、ねぎ、しょうがなどからだを温める食材
- 牛乳、小魚などカルシウムを多く含む食材
- 海藻類などマグネシウムを多く含む食材
- 常温の水（冷たい水はからだを冷やすので NG）

栄養のある食材をかしこく選んで、いつもほどほどの量におさえることが、美脚に近づく食事の基本です。

また、からだの冷えはむくみの大きな原因に。大根やねぎ、しょうがなど、冷えたからだを内側から温める食材をとりましょう。

外食が続いたり、ダイエットで食事制限をしていたりすると、栄養のバランスがかたよってしまいます。美脚のためにも骨をつくるカルシウムと、カルシウムの吸収を助けるマグネシウムは、ぜひ意識してとるようにしましょう。

食事でとるのが理想的ですが、難しいときはカルシウム

流行のダイエットに飛びつくと かえって逆効果になることも

自己流で無理なダイエットをすると…

- 栄養がかたよって、骨がスカスカになることも
- 筋肉が衰えて貧相に見えてしまうリスクも

とマグネシウムがバランスよくとれるサプリメントでうまく補っても。

　塩分や糖分のとりすぎも、むくみやすい体質をつくる原因になるので要注意です。

　なお、「水を飲みすぎるとむくむ」というのは誤解で、むしろ水を飲むと水分の排出がうながされるため、むくみを解消する効果があります。

　1日にとりたい水分量は、体重×40ccほどが目安。ただし塩分、糖分が多く含まれる清涼飲料水やアルコールは、飲みすぎるとむくみの原因となります。

毎日の習慣に
お風呂で代謝をアップ

バスタブにつかって
足をほぐす習慣をつけよう

POINT

- シャワーだけですませず、毎日ちゃんとお湯につかること。
- お湯につかりながら足指を動かしたり、足首を回したりしてストレッチをしましょう。
- 夜のバスタイムは 38 度～ 40 度くらいのぬるめのお湯にゆっくりつかると、からだが休まります。
- 朝のバスタイムは 41 度以上の熱めのお湯に短時間つかると、気分がシャキッとして目も覚めます。

足指が動かないという人は、血行が悪く、からだが冷えやすい人がほとんど。

お風呂はシャワーだけですませず、毎日20分ほどはお湯につかりましょう。血行やリンパの流れがよくなり、固まった筋肉がほぐれて代謝もアップします。

そしてお湯につかりながらストレッチを。水の浮力によって関節の負担が減り、水圧の効果も期待できます。

また、シャワーの水圧を利用して、足のむくみや疲れを効果的に取ることができます。水圧を強めにして、心臓から遠い順に、手→脚→おなか→腰→肩と、円を描くようにゆ

シャワーの水圧を利用して むくみや疲れをリセット

POINT

- 手→脚→おなか→腰→肩と、円を描くようにゆっくり回しながらシャワーをあてましょう。
- とくに脚がむくんでいるときは、湯上りに足先から太ももに冷たい水のシャワーをかけると効果があります。
- 疲れている日は、お風呂からあがってから、さらにレッグマッサージを入念におこなうと、疲れとむくみがとれます。

つくり回しながらシャワーをあてます。

脚がむくんでいる人は、湯上りに、足先から太ももに冷たい水のシャワーを。

なお、仕事や学校を終えてからの夜のバスタイムは、38度～40度ぐらいの〝ぬるめ〟のお湯がベストです。副交感神経が刺激されるため、からだが休まり、のんびりくつろぐことができます。

逆に、朝のバスタイムは、41度以上の〝熱め〟のお湯に短時間つかると、交感神経が刺激され、気分が活発モードに切り替わります。

睡眠不足は美脚の大敵

ぐっすり眠るとこんな効果が！

睡眠できれいをつくる

夜中の1時以降は 深く眠っているのが理想的

POINT

- 内臓の働きが活発になるのは夜中の１時以降。それまでに就寝をするように心がけて。
- 睡眠時間は１日６〜７時間は確保すること。
- 不規則な生活はNG。毎日だいたい同じ時間に就寝を。

人間が眠りにつくと、からだをリラックスさせる副交感神経が働き、血流がよくなります。老廃物や疲労物質を流して、細胞を入れ替えてくれますから、筋肉の疲れも回復していきます。

ところが、寝不足だったり、熟睡できない状態が続いたりすると、からだを活発にする働きのある交感神経と、副交感神経のバランスが乱れてしまいます。そうなると、美容にも美脚にもマイナスです。

からだをゆったりと休めて疲れを取り、素肌も含めて全身がリフレッシュするには、睡眠時間を1日6〜7時間とることが理想です。

質の高い睡眠を 手に入れる生活習慣

POINT

- 夕食は寝る3時間以上前にとるようにしましょう。
- お風呂はぬるめの温度のお湯にゆっくりとつかること。
- 枕の高さなど、寝室の環境にもしっかり配慮する。
- なかなか寝付けないときは、深呼吸をしながらゆるめのストレッチをおこなうとスムーズに眠りに入ることができます。

さらにいつでもいいというわけではなく、毎日だいたい同じ時間に寝ることが大切。そうすればからだのリズムが整えられ、深い眠りを得ることができます。

夜ふかしも禁物です。内臓の働きが活発になるのは、夜中の1時すぎだといわれます。新陳代謝や水分代謝がスムーズにおこなわれるように、深夜1時以降は、ぐっすりと深い眠りに入っているようにしましょう。

また、食事やお風呂など、生活習慣を整えることも質の高い睡眠をとる秘訣です。

上半身も実は影響大

上半身のケアも取り入れて、むくみ知らずのからだに

上半身のゆがみが 下半身にも負担をかける

左右の肩の高さが同じかチェック！

1 上半身にゆがみが発生する

↓

2 骨盤や股関節のまわりの筋肉に負担がかかる

↓

3 冷えやむくみを引き起こす

→ P108のストレッチで上半身のゆがみを整えると、下半身もすっきり！

バッグをいつも同じ側の肩にかけていたり、パソコンの前に長時間座りっぱなしだったりすると、次第に上半身もゆがんできます。

鏡にうつる自分の姿を見て、左右の肩の高さが同じかチェックしてみましょう。もし違っているなら、あなたの上半身はゆがんでいるかもしれません。

上半身にゆがみが生じたり、固まったりすると、下半身はそれを支えてバランスをとろうとします。とくに骨盤や股関節のまわりの筋肉に負担がかかり、血流が悪くなって冷えやむくみを引き起こす原因になります。

むくみのひどい生理前には あえてからだを動かそう

ひと駅分だけ歩く
など、かんたんな
運動でOK！

1 生理前の時期になると…

↓

2 ホルモンバランスが変化する

↓

3 むくみが生じやすくなる。もともとむくみがちな人はさらに悪化する

➡ あえて軽い運動をすることで、代謝が上がり、むくみ解消に効果あり！

ストレッチで上半身のゆがみを解消し、固まった姿勢をほぐしてあげましょう。

また、むくみのいちばんの原因は、代謝が悪いこと。むくみを放置していると、そのまま脚はどんどん太くなるばかりです。

「きのうのお酒で、今日はむくんでいるな」などと感じたら、その日のうちに入念なストレッチを。

また、むくみやすい生理前は、ひと駅分歩く程度の軽い運動でいいので、からだを動かして、むくみを解消してあげましょう。

上半身もゆるゆるに①

からだのラインを整える
腕ストレッチ

効果
・上半身のコリをほぐす。
・上半身のラインを美しく整える。

1 上半身を右に傾ける。

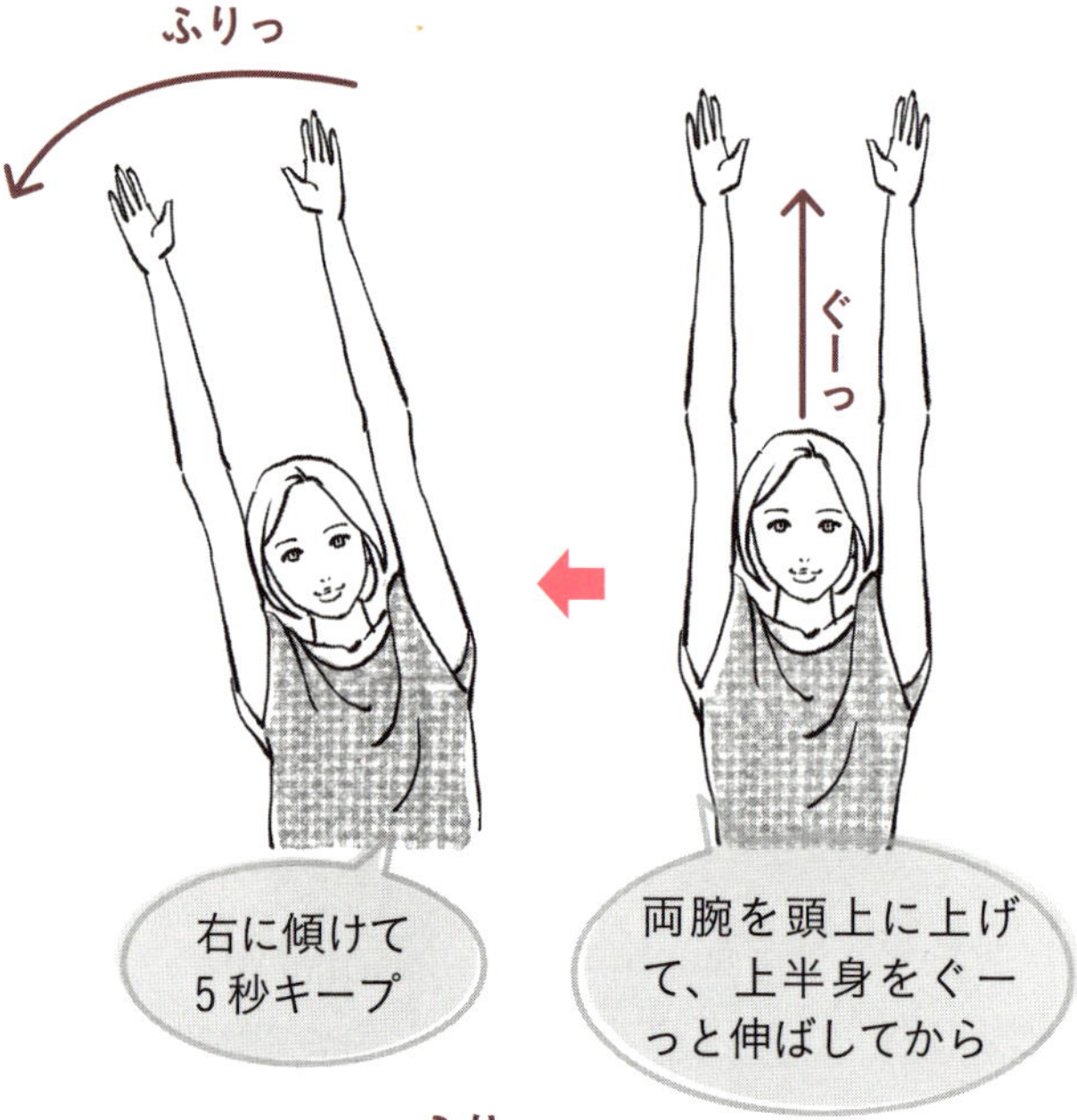
ぐーっ
両腕を頭上に上げて、上半身をぐーっと伸ばしてから
ふりっ
右に傾けて5秒キープ

2 上半身を左に傾ける。

ぐーっ
元の姿勢に戻り
ふりっ
左に傾けて5秒キープ

POINT

●ずっと同じ姿勢でいると上半身の血行も悪くなってしまいます。
●「こっているな」と気づいたら、このストレッチを試してみましょう

上半身もゆるゆるに②

コリもほぐれる 肩ストレッチ

効果
・肩や首のコリをほぐす。
・上半身のラインを美しく整える。

1 肩を前に回す。

前に5回
ぐるぐる回す
手を肩に添えて

2 肩を後ろに回す。

後ろに5回
ぐるぐる回す
胸がひらくよ
うなイメージ

POINT

●両肩を上げたり下ろしたりするだけでもいいのですが、回すほうが、より効果的です。

●よく聞く“四十肩”への予防にもなります。

美背中をつくる
肩甲骨ストレッチ

効果

- 肩や背中のコリをほぐす。
- 後ろ姿を美しく整える。

1 両腕を上げる。

90°
90°
腕が左右水平になるようにポーズをとる

2 両腕を後ろにひらく。

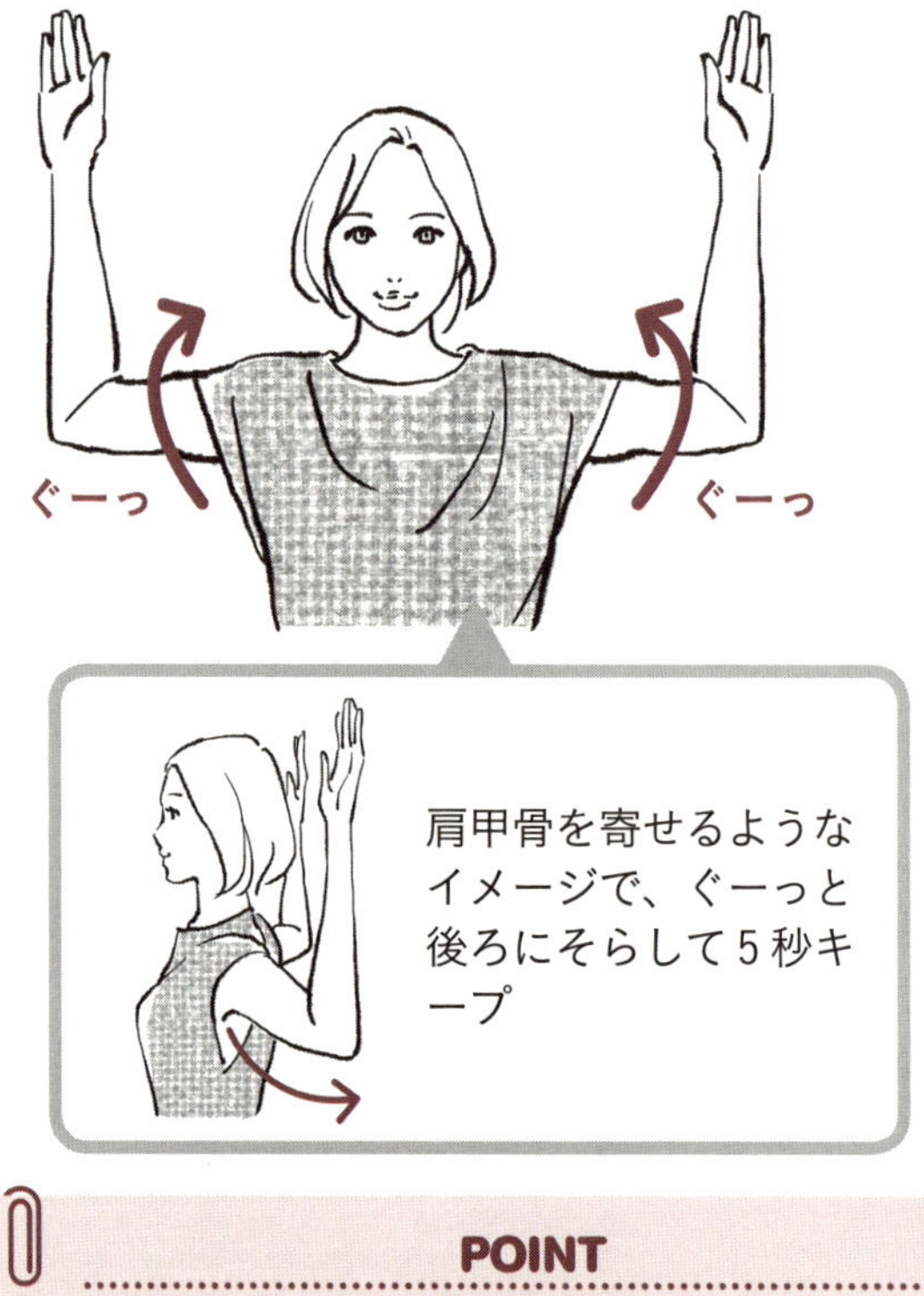
ぐーっ
ぐーっ
肩甲骨を寄せるようなイメージで、ぐーっと後ろにそらして5秒キープ

POINT

- とくに肩がこりやすい、背すじの弱い人や猫背の人におすすめ。
- 数時間ごとにこのポーズをとって、肩こりをリセットしましょう。

おわりに

——少しの時間でも、からだに刺激を

ここでもう一度、1章の「足ゆびウォーキング」を試してみましょう。最初は「指なんて動かない」と思われた方も、変化を感じるのではないでしょうか。あきらめるのは、もったいないですよ！　日々のちょっとした意識・行動で変わることができるのですから。

美脚づくり、ボディづくり、骨格矯正、ウォーキング、ダイエット指導と、美容・健康にたずさわって30年以上が過ぎました。

生徒さんたちからの相談内容も少しずつ変わってきています。30年前は「太い脚を細くしたい」がダントツだったのが、今では「肩甲骨や腰、股関節のゆがみをとりたい」「骨盤を締めたい」など、骨格バランスのお悩みが増えています。むくみ、冷え、肩こり、代謝が悪いといった症状を訴える方も多くなってきました。

こういったことから、からだの関節が固まって動きが悪くゆがんでいる方がいかに多いかが、わかると思います。

でも、大丈夫です。本書に書かれているエクササイズをひと通り実践すると、どなたでもスムーズに関節が動かせるようになります。

さあ、1日1エクササイズ、1ストレッチでもいいので、からだに刺激を与えてみてください。少しの時間でも毎日続けることが肝心ですよ！　みなさまのご健闘をお祈りいたします。

著者紹介

斉藤美恵子

レッグ・コンシャリスト。身体均整師。美脚サロン「ボディスポット・ペルヴィシャス」主宰。骨折が原因でO脚になり、それを克服した自らの体験により、独自の美脚エクササイズを開発。これまで30年以上にわたり、女優やモデルをはじめとした2万人以上の脚を矯正。日本国内唯一の脚のスペシャリストとして活動している。テレビ通販などでも大人気の美脚サンダルが付録になった『まっすぐモデル美脚になる! BIKYAKU&COサンダル』シリーズ（主婦の友社）を監修。著書に『もっともっと愛され脚をつくる2週間レシピ』（WAVE出版）、『脚やせPUSHダイエット』（幻冬舎）など多数。本書は2014年刊行の文庫『脚がスパッ！ときれいになる「足ゆび」ストレッチ』（小社刊）を再構成・加筆・修正した図解版である。

ボディスポット ペルヴィシャス http://pelvicious.jp

カバー写真　Coka - stock.adobe.com
本文イラストレーション　ミヤモトヨシコ
本文デザイン&DTP　リクリデザインワークス
編集協力　辻由美子・野田りえ

細《ほそ》い脚《あし》は「ゆび」がやわらかい

2018年4月15日　第1刷

著　者　斉《さい》藤《とう》美《み》恵《え》子《こ》

発行者　小澤源太郎

責任編集　株式会社 プライム涌光

電話　編集部　03(3203)2850

発行所　株式会社 青春出版社

東京都新宿区若松町12番1号〒162-0056
振替番号　00190-7-98602
電話　営業部　03(3207)1916

印刷　大日本印刷　　製本　フォーネット社

万一、落丁、乱丁がありました節は、お取りかえします。
ISBN978-4-413-11255-0 C0077
© Mieko Saito 2018 Printed in Japan

本書の内容の一部あるいは全部を無断で複写（コピー）することは著作権法上認められている場合を除き、禁じられています。